365 Jeux pour les enfants

3 à 5 ans

Un jeu chaque jour !

Les Éditions Goélette inc.

365 jeux pour les enfants

Conception graphique
Julie Jodoin Rodriguez
Marjolaine Pageau
Marie-Claude Parenteau
Katia Senay

1350 Marie-Victorin
St-Bruno-de-Montarville (Québec) CANADA, J3V 6B9
Téléphone : 450-653-1337
Télécopieur : 450-653-9924
www.editionsgoelette.com

Dépôts légaux :
Bibliothèque nationale et Archives du Québec
Bibliothèque nationale du Canada
Troisième trimestre 2009

Gouvernement du Québec - Programme de crédit d'impôt pour l'édition de livres - Gestion Sodec

Imprimé au Canada

ISBN : 978-2-89638-596-6

Jour 1

Les jumeaux

Encercle les deux images qui sont identiques.

A

B

C

D

Dessin symètrique

Complète l'image.

Le casse-tête

Trouve la partie manquante de l'image.

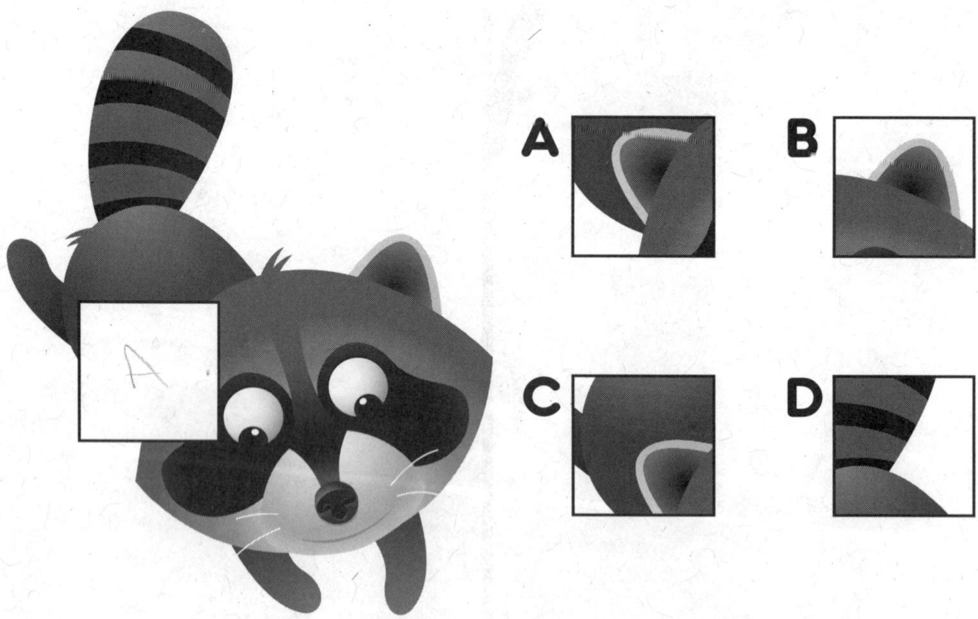

Dessin à colorier

Amuse-toi et mets de la couleur.

Jour 5

Les associations

Associe les objets qui ont un lien entre eux.

Caméraman

Lampe

Voiture

Peinture

Pinceau

Ampoule

Film

Essence

Les opposés

Colorie celui qui représente le mal en rouge, et celui qui représente le bien en bleu.

Le mouton noir

Entoure dans chaque rangée le plus grand dessin.

L'aventurier

Aide le fermier et trace le chemin qui mène jusqu'à la vache.

Les 4 erreurs

Regarde bien ces deux images. Trouve les quatre différences et entoure-les.

Le labyrinthe

Aide le skieur à se rendre jusqu'à l'autobus. N'oublie pas de ramasser sa valise !

Les formes similaires

Relie chaque objet à la forme qu'il représente.

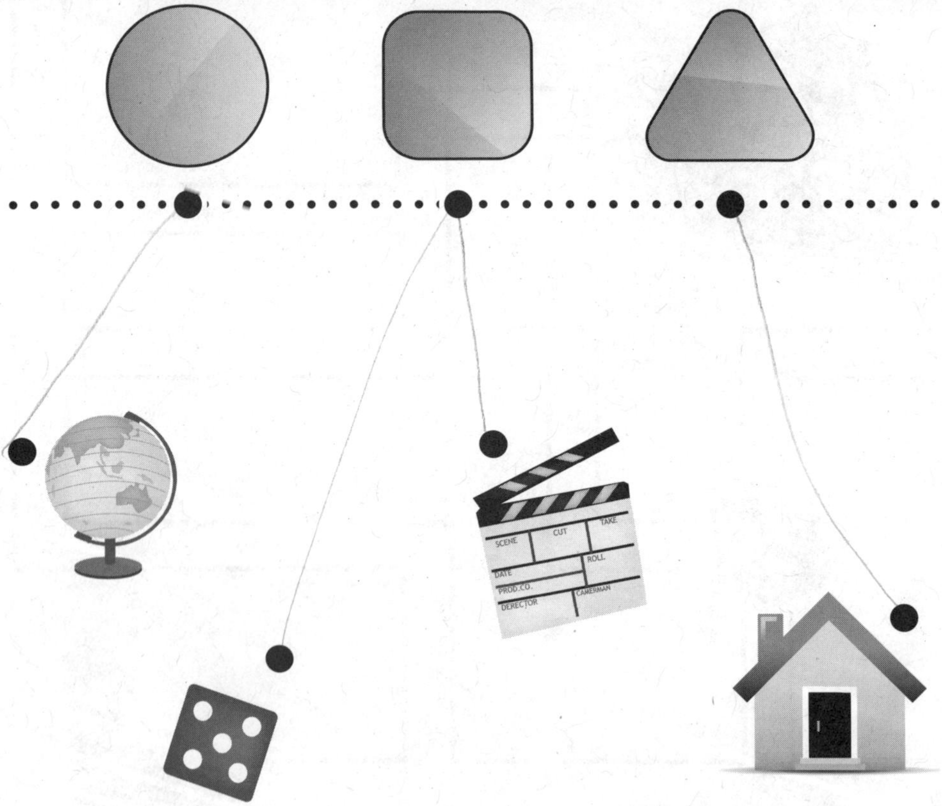

Le mathématicien

Dans chaque rangée, entoure le nombre d'éléments qui correspond au chiffre de gauche.

3 

2 

1 

La suite

Observe bien la suite ci-dessous.
Complète la rangée en encerclant
le dessin manquant.

L'identique

Associe les dessins qui sont identiques.

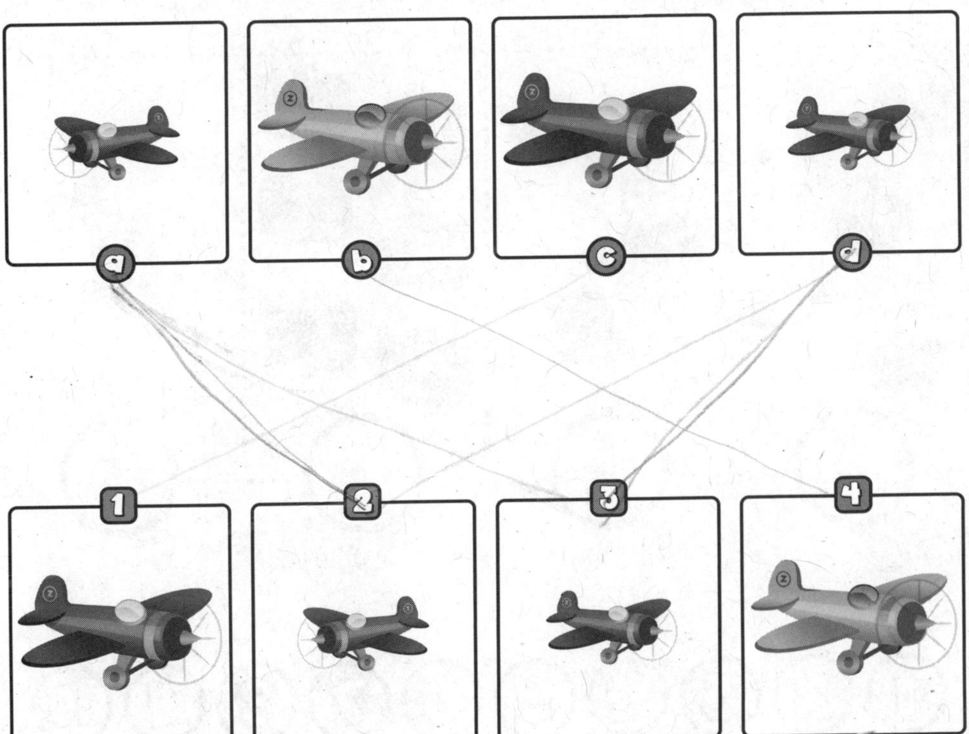

La calculatrice

Écris le nombre d'éléments dans chaque case.

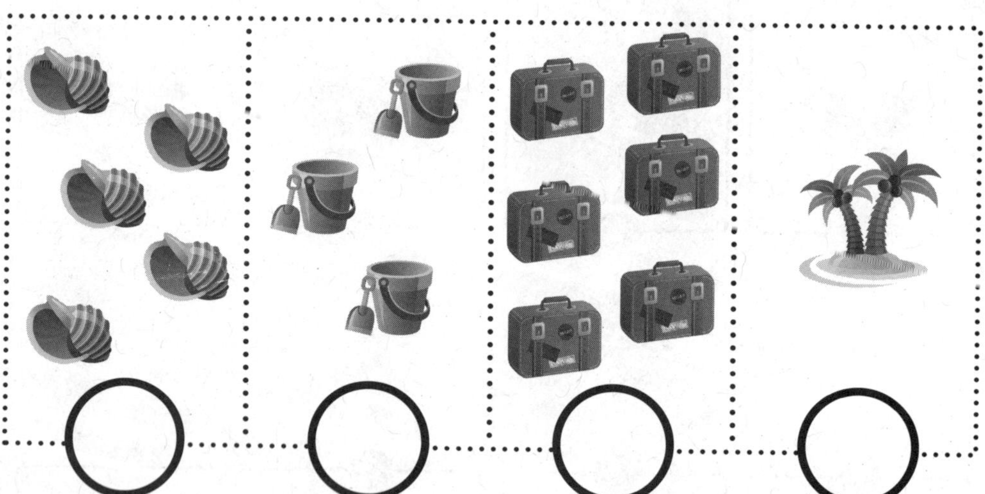

1 2 3 4 5 6 7 8 9 10

Le voyageur

Aide la petite fille à retrouver son ourson. Suis les ballons et trace le chemin. Tu peux te déplacer de façon horizontale, verticale ou en diagonale.

Les doigts de la main

Entoure la main quand il y a 5 éléments dans la même rangée.

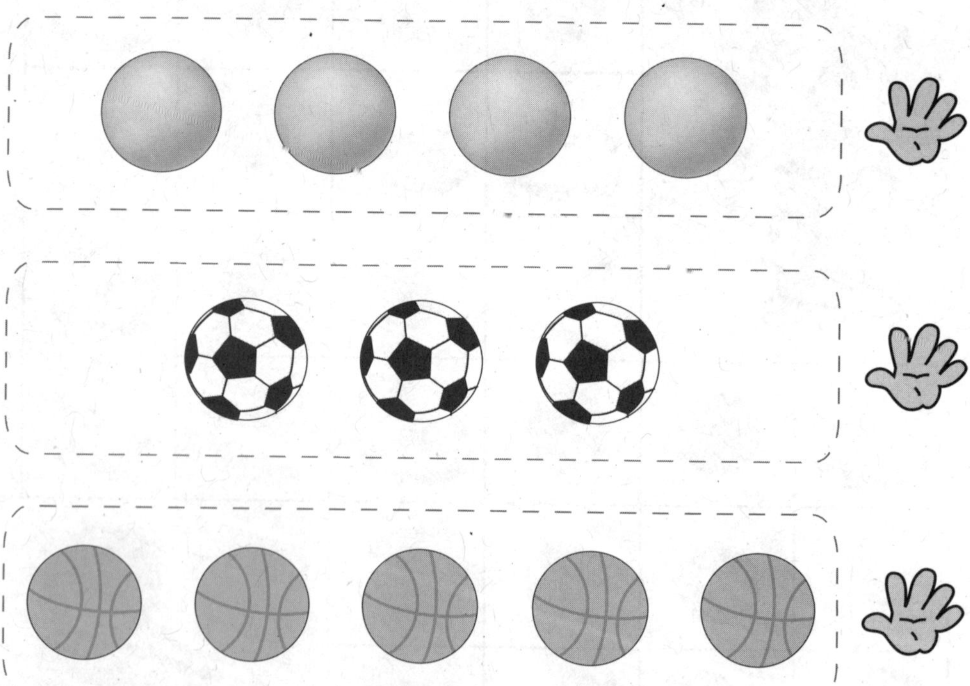

L'écrivain

Passe avec ton crayon sur les pointillés. Exerce-toi ensuite sans pointillés.

a a a

A A

b b b

B B

Le narrateur

Remets l'histoire dans l'ordre, en coloriant le chiffre qui correspond à chaque partie de l'histoire.

1 2 3

1 2 3

1 2 3

Émoticônes

Entoure 😮 quand la personne est triste.
Entoure 😃 quand la personne est joyeuse.

Le chercheur

Trouve les éléments de gauche dans le décor.

L'artiste

Aide madame Girafe et
retrace les dessins à droite.

Dans tous les sens

Entoure un des deux objets identiques. Si tu regardes la flèche qui se trouve en dessous, tu trouveras quel objet tu dois entourer.

DROITE

De point en point

Relie chaque point dans l'ordre pour terminer le dessin. Quand tu as terminé, mets de la couleur.

Les jumeaux

Encercle les deux images qui sont identiques.

A

B

C

D

Dessin symétrique

Complète l'image.

Le casse-tête

Trouve la partie manquante de l'image.

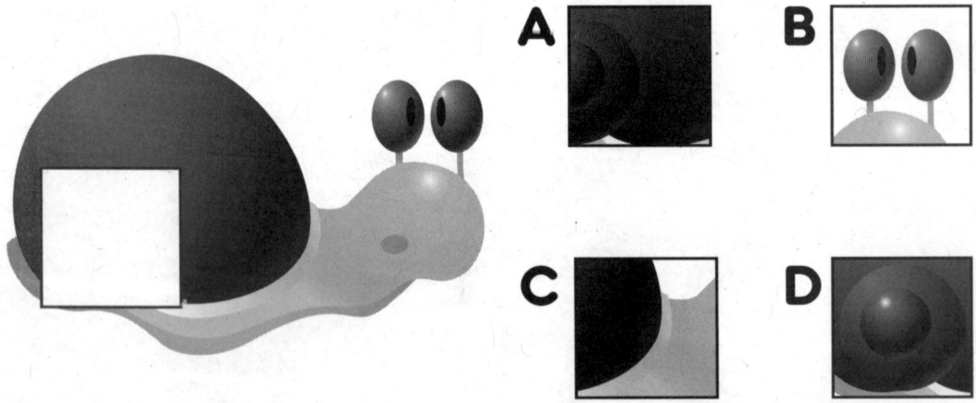

Dessin à colorier

Amuse-toi et mets de la couleur.

Les associations

Associe les objets qui ont un lien entre eux.

Carnet

Cadeau

Ordinateur

Valise

Clavier

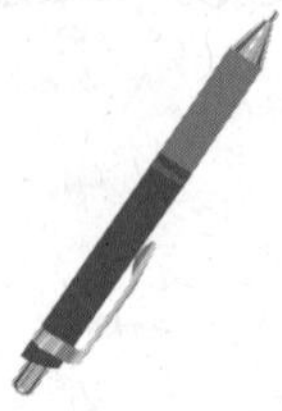
Stylo

Sapin

Avion

Les opposés

Colorie l'élément chaud en orange et l'élément froid en violet.

Le mouton noir

Entoure dans chaque rangée le plus grand dessin.

L'aventurier

Aide le coq et trace le chemin qui mène jusqu'à la poule.

Les 4 erreurs

Regarde bien ces deux images. Trouve les quatre différences et entoure-les.

Le labyrinthe

Aide les voyageurs à se rendre jusqu'au palmier. N'oublie pas de ramasser la chaise et le parasol !

Les formes similaires

Relie chaque objet à la forme qu'il représente.

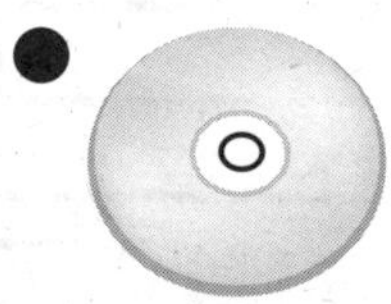

Le mathématicien

Dans chaque rangée, entoure le nombre d'éléments qui correspond au chiffre de gauche.

1 

4 

2 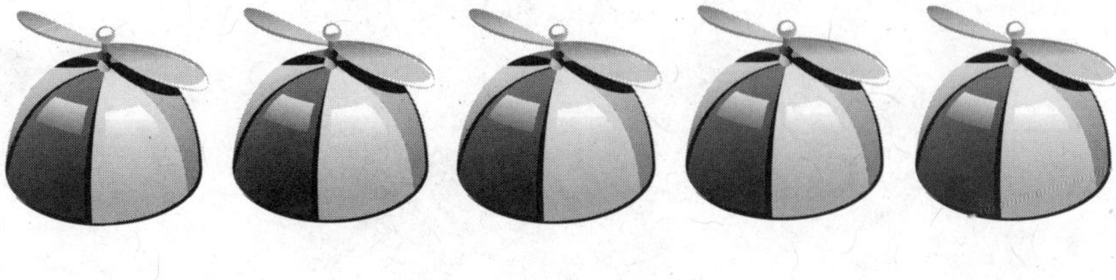

La suite

Observe bien la suite ci-dessous.
Complète la rangée en encerclant
le dessin manquant.

L'identique

Associe les dessins qui sont identiques.

La calculatrice

Écris le nombre d'éléments qui dans chaque case.

1 2 3 4 5 6 7 8 9 10

Le voyageur

Aide l'arrosoir à se rendre jusqu'à la fleur. Suis les soleils et trace le chemin. Tu peux te déplacer de façon horizontale, verticale ou en diagonale.

Les doigts de la main

Entoure la main quand il y a 5 éléments dans la même rangée.

L'écrivain

Passe avec ton crayon sur les pointillés. Exerce-toi ensuite sans pointillés.

c c c

C C

d d d

D D

Le narrateur

Remets l'histoire dans l'ordre, en coloriant le chiffre qui correspond à chaque partie de l'histoire.

Émoticônes

Entoure 😮 quand la personne est triste.
Entoure 😃 quand la personne est joyeuse.

Le chercheur

Trouve les éléments
de gauche dans le décor.

L'artiste

Aide madame Girafe et retrace les dessins à droite.

Dans tous les sens

Entoure un des deux objets identiques. Si tu regardes la flèche qui se trouve en dessous, tu trouveras quel objet tu dois entourer.

GAUCHE

De point en point

Relie chaque point dans l'ordre pour terminer le dessin. Quand tu as terminé, mets de la couleur.

Les jumeaux

Encercle les deux images qui sont identiques.

A

B

C

D

Dessin symétrique

Complète l'image.

Le casse-tête

Trouve la partie manquante de l'image.

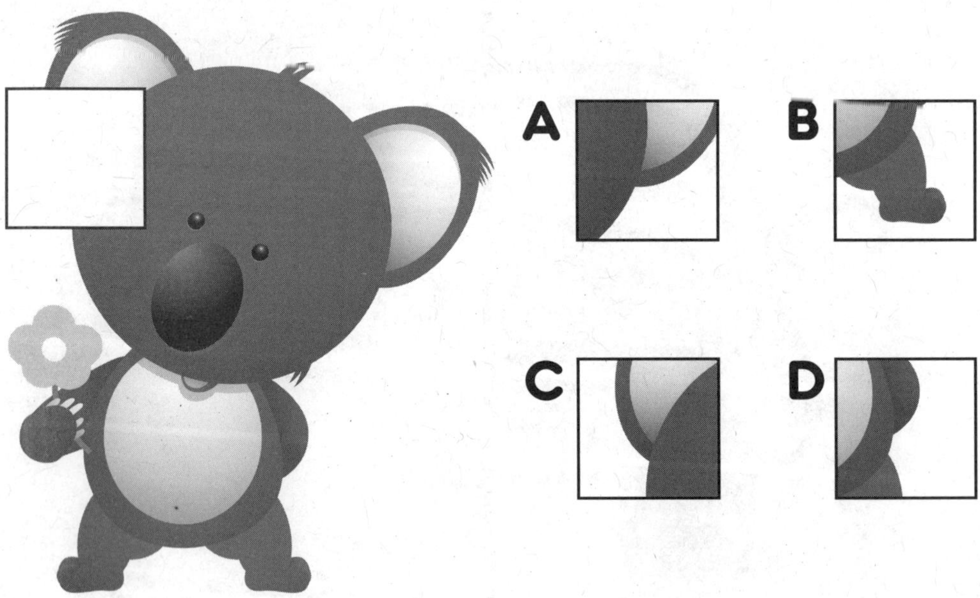

Dessin à colorier

Amuse-toi et mets de la couleur.

Les associations

Associe les objets qui ont un lien entre eux.

Balai

Sceau

Bouée

Chien

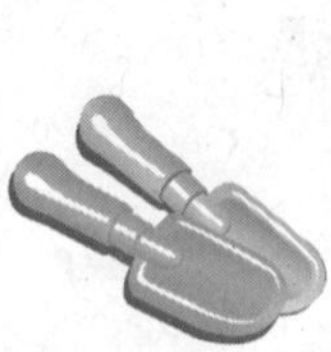

Pelles

Bateau

Os

Sorcière

Les opposés

Colorie le dessin qui représente l'été en jaune et celui qui représente l'hiver en bleu.

Le mouton noir

Entoure dans chaque rangée le plus grand dessin.

Aide le lapin et trace le chemin qui mène jusqu'à la carotte.

Les 4 erreurs

**Regarde bien ces deux images.
Trouve les quatre différences
et entoure-les.**

Le labyrinthe

Aide les touristes à se rendre jusqu'à la statue de la Liberté.

Les formes similaires

Relie chaque objet à la forme qu'il représente.

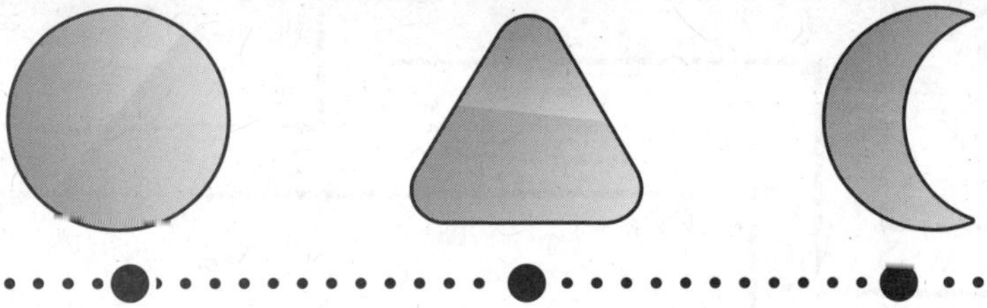

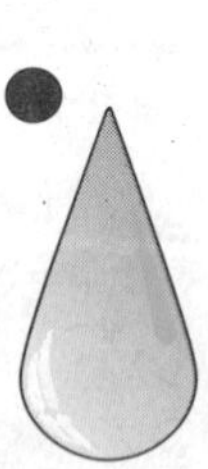

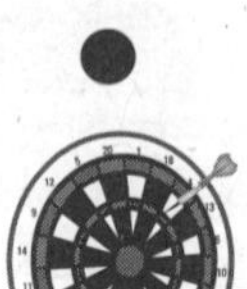

Jour 60

Le mathématicien

Dans chaque rangée, entoure le nombre d'éléments qui correspond au chiffre de gauche.

4 

2 

5 

La suite

Observe bien la suite ci-dessous.
Complète la rangée en encerclant
le dessin manquant.

L'identique

Associe les dessins
qui sont identiques.

La calculatrice

Écris le nombre d'éléments dans chaque case.

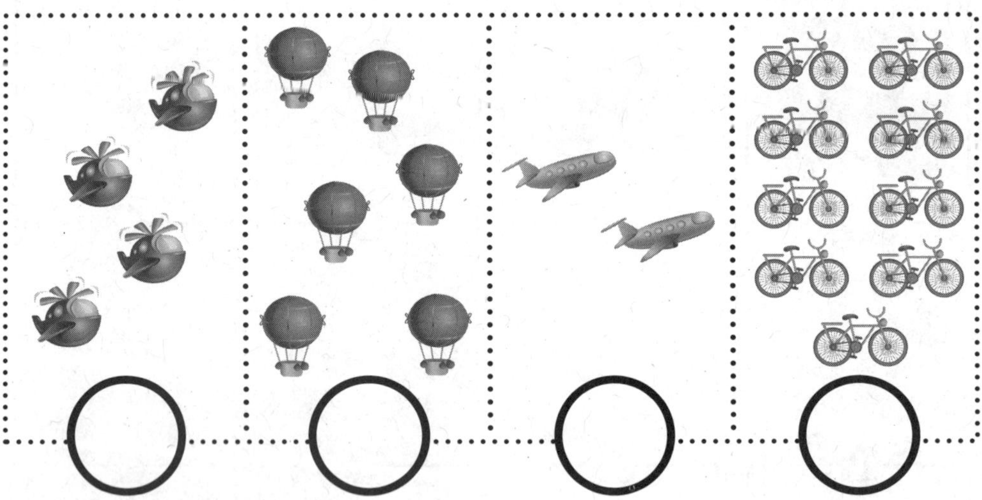

1 2 3 4 5 6 7 8 9 10

Le voyageur

Aide la colombe à se rendre jusqu'à son nid. Suis les fleurs et trace le chemin. Tu peux te déplacer de façon horizontale, verticale ou en diagonale.

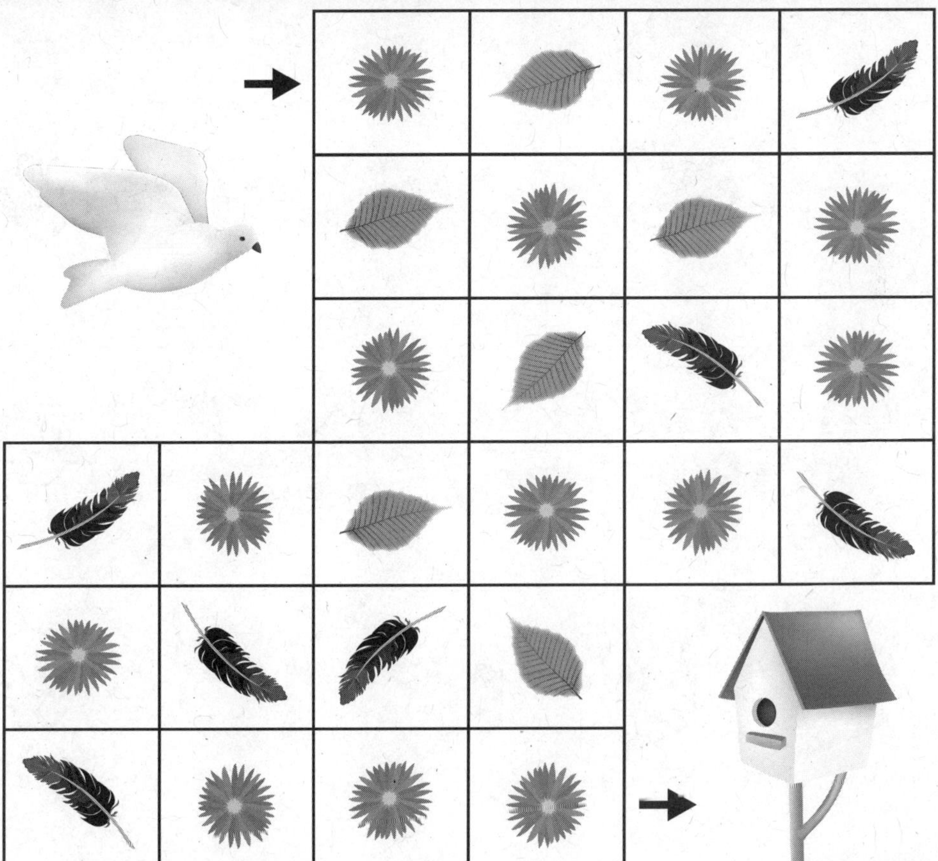

Les doigts de la main

Entoure la main quand il y a 5 éléments dans la même rangée.

L'écrivain

Passe avec ton crayon sur les pointillés. Exerce-toi ensuite sans pointillés.

e e e

E E

f f f

F F

Le narrateur

Remets l'histoire dans l'ordre, en coloriant le chiffre qui correspond à chaque partie de l'histoire.

1 2 3

1 2 3

1 2 3

Émoticônes

Entoure 😮 quand la personne est triste.
Entoure 😃 quand la personne est joyeuse.

Le chercheur

Trouve les éléments de gauche dans le décor.

L'artiste

Aide madame Girafe et retrace le dessin à droite.

Dans tous les sens

Entoure un des deux objets identiques. Si tu regardes la flèche qui se trouve en dessous, tu trouveras quel objet tu dois entourer.

GAUCHE

De point en point

Relie chaque point dans l'ordre pour terminer le dessin. Quand tu as terminé, mets de la couleur.

Les jumeaux

Encercle les deux images qui sont identiques.

A

B

C

D

Dessin symétrique

Complète l'image.

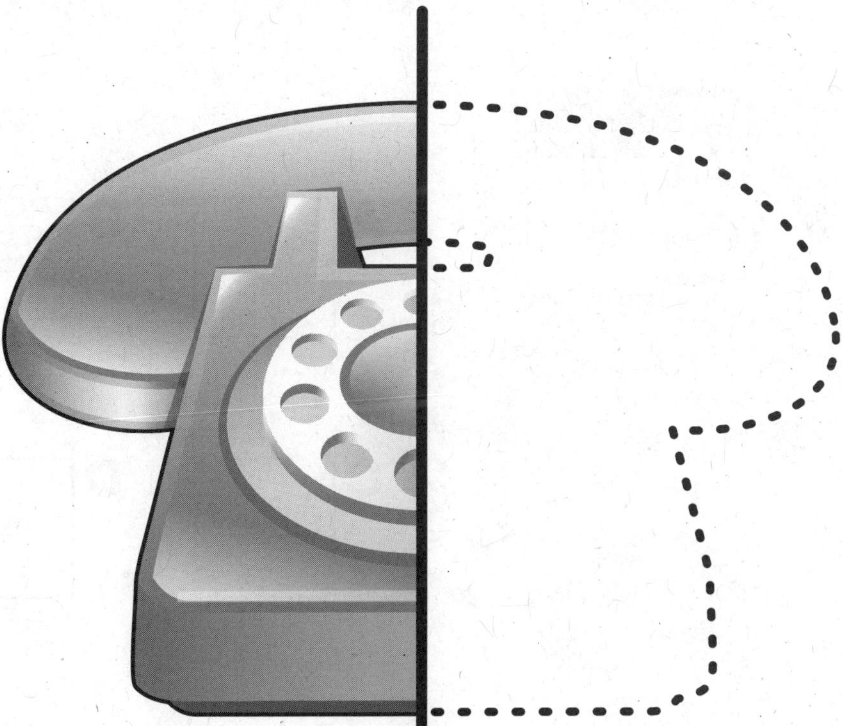

Le casse-tête

Trouve la partie manquante de l'image.

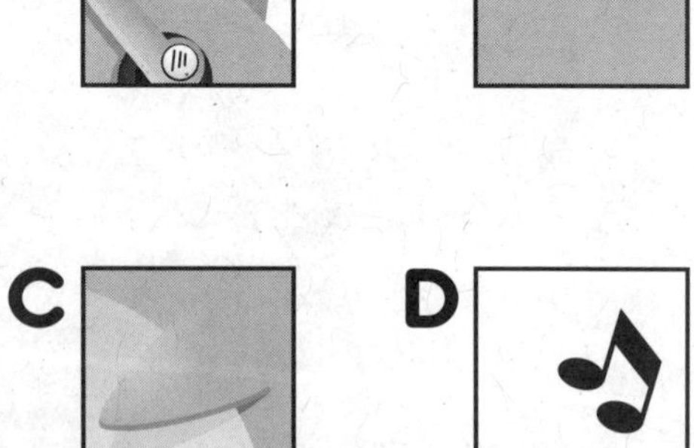

Dessin à colorier

Amuse-toi et mets de la couleur.

Jour 77

Les associations

Associe les objets qui ont un lien entre eux.

Truelle

Pinceau

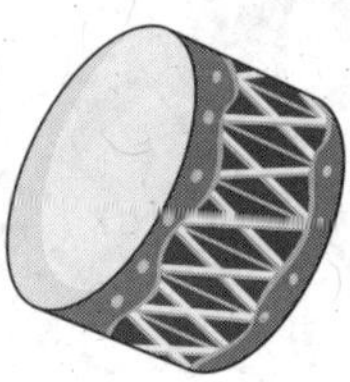
Tambour

Aiguisoir

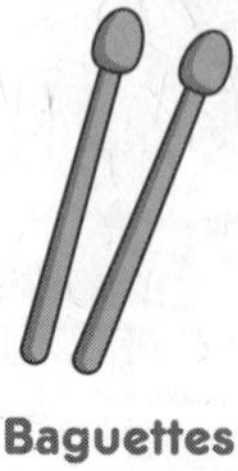
Baguettes

Crayon

Chevalet

Brique

Jour 78

Les opposés

Colorie le grand animal en rouge et le petit animal en vert.

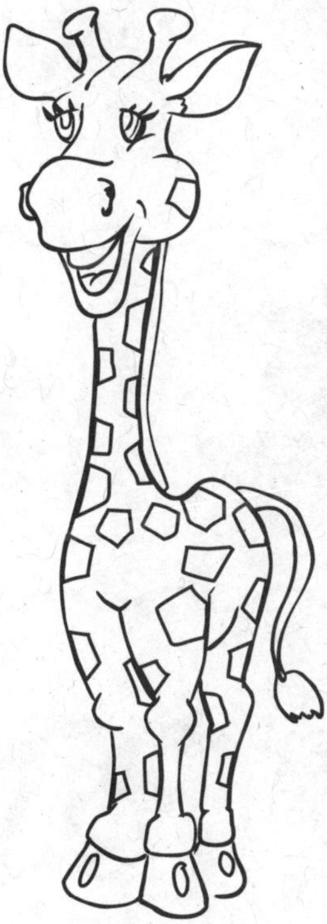

Le mouton noir

Entoure dans chaque rangée le plus grand dessin.

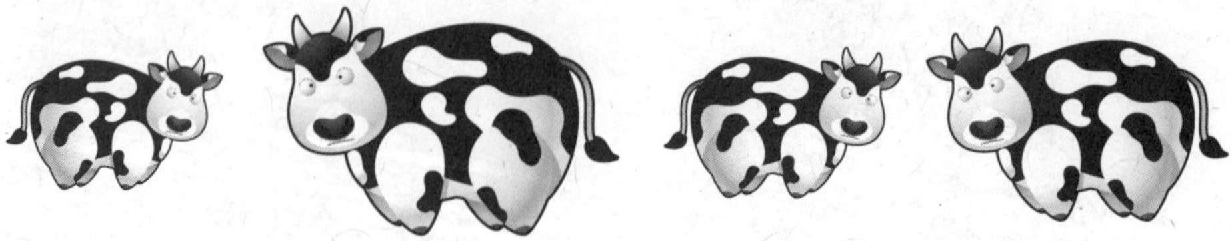

L'aventurier

Aide le papillon et trace le chemin qui mène jusqu'à la fleur.

Les 4 erreurs

Regarde bien ces deux images. Trouve les quatre différences et entoure-les.

Le labyrinthe

Aide la cigogne à se rendre jusqu'aux parents.

Les formes similaires

Relie chaque objet à la forme qu'il représente.

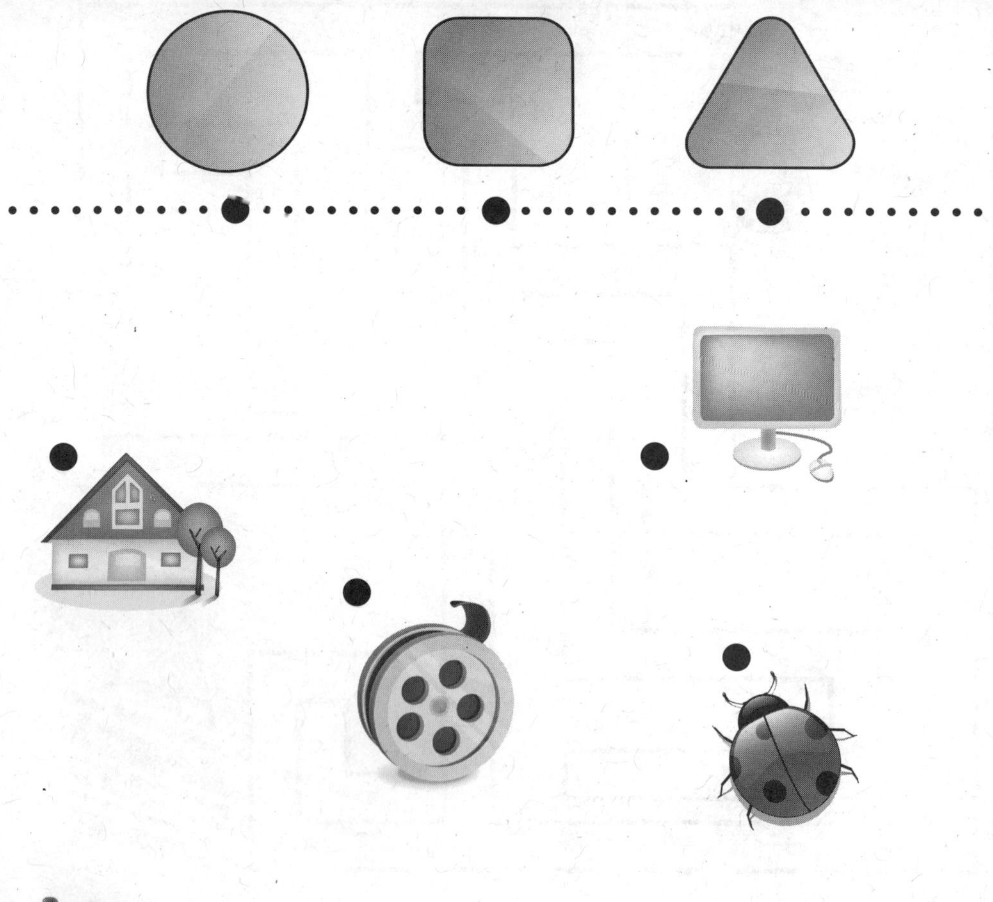

Le mathématicien

Dans chaque rangée, entoure le nombre d'éléments qui correspond au chiffre de gauche.

1 

5 

3 

La suite

Observe bien la suite ci-dessous.
Complète la rangée en encerclant
le dessin manquant.

Jour 86

L'identique

Associe les dessins qui sont identiques.

La calculatrice

Écris le nombre d'éléments dans chaque case.

1 2 3 4 5 6 7 8 9 10

Le voyageur

Aide les petites filles à se rendre jusqu'au champignon géant. Suis les papillons et trace le chemin. Tu peux te déplacer de façon horizontale, verticale ou en diagonale.

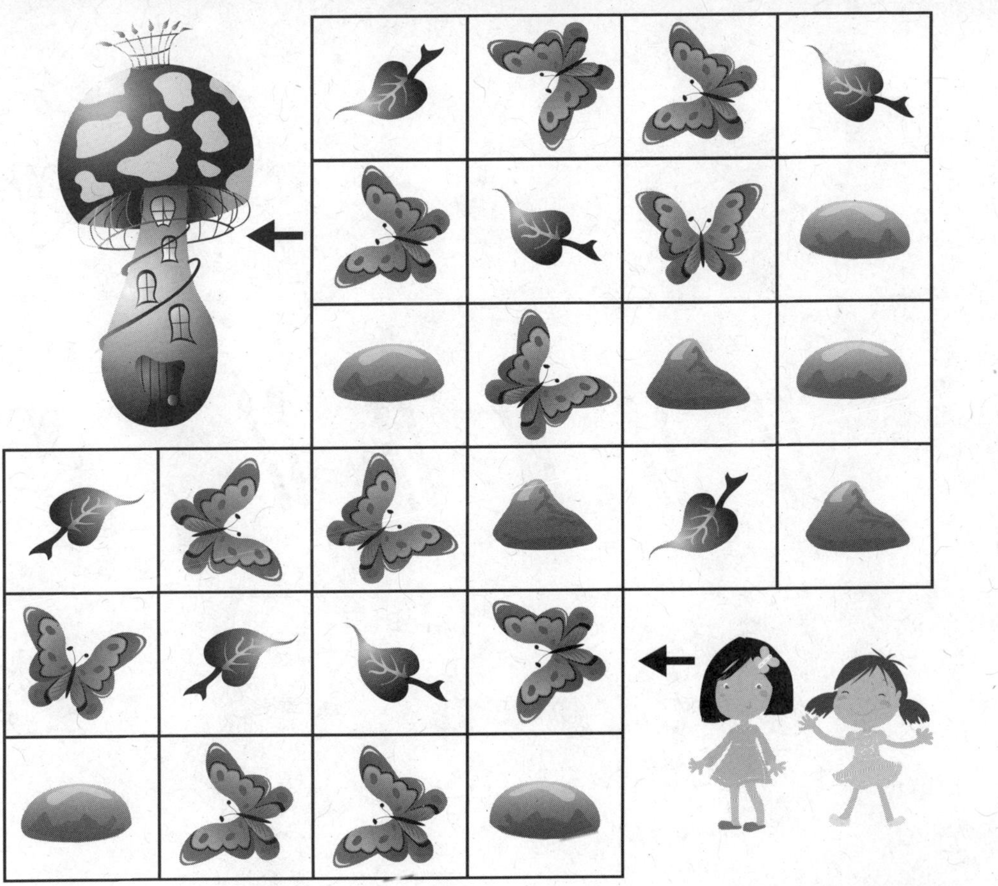

Les doigts de la main

Entoure la main quand il y a 5 éléments dans la même rangée.

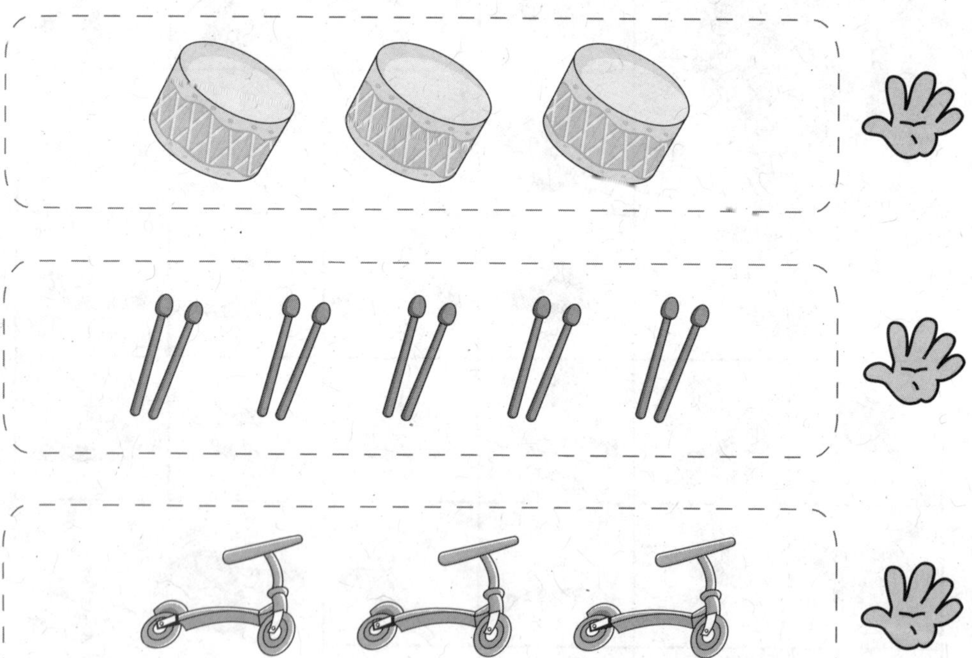

L'écrivain

Passe avec ton crayon sur les pointillés. Exerce-toi ensuite sans pointillés.

g g g

G G

h h h

H H

Le narrateur

Remets l'histoire dans l'ordre, en coloriant le chiffre qui correspond à chaque partie de l'histoire.

Émoticônes

Entoure quand la personne est triste.
Entoure quand la personne est joyeuse.

Le chercheur

Trouve les éléments de gauche dans le décor.

L'artiste

Aide madame Girafe et
retrace les dessins à droite.

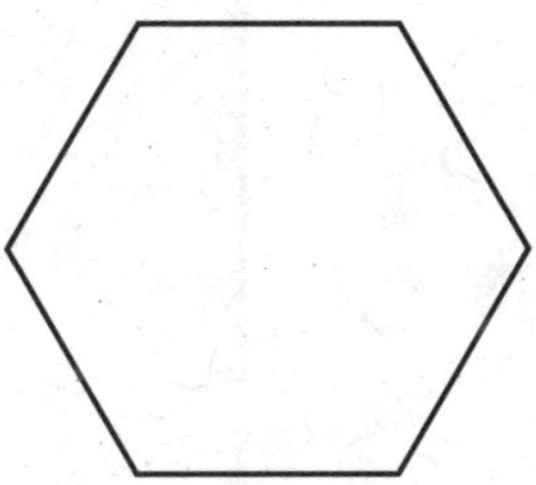

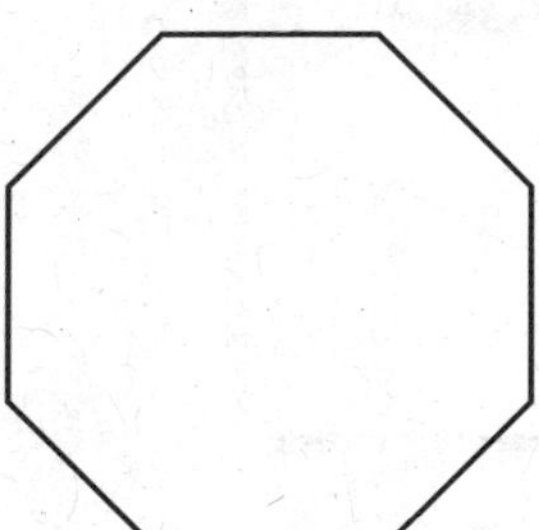

Dans tous les sens

Entoure un des deux objets identiques. Si tu regardes la flèche qui se trouve en dessous, tu trouveras quel objet tu dois entourer.

DROITE

De point en point

Relie chaque point dans l'ordre pour terminer le dessin. Quand tu as terminé, mets de la couleur.

Les jumeaux

Encercle les deux images qui sont identiques.

A

B

C

D

Dessin symétrique

Complète l'image.

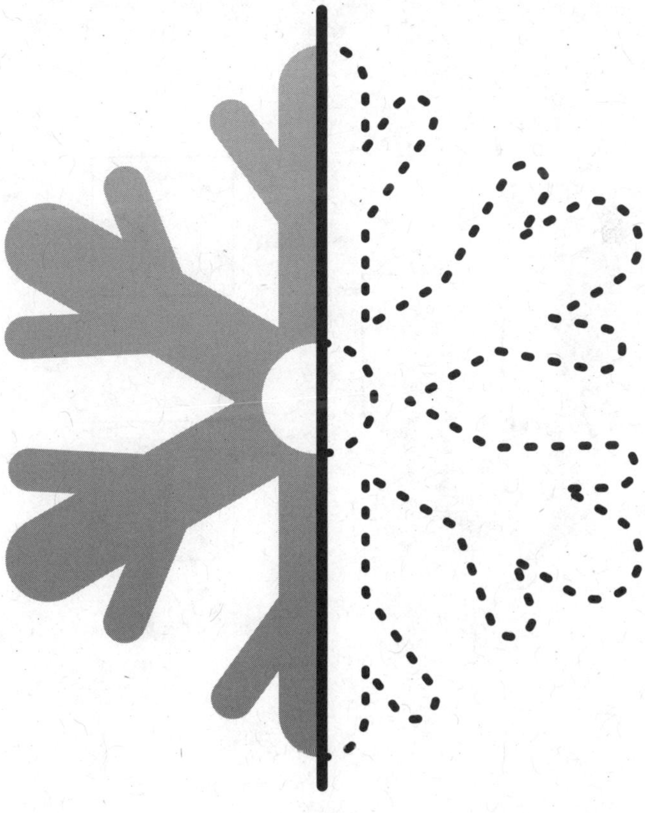

Le casse-tête

Trouve la partie manquante de l'image.

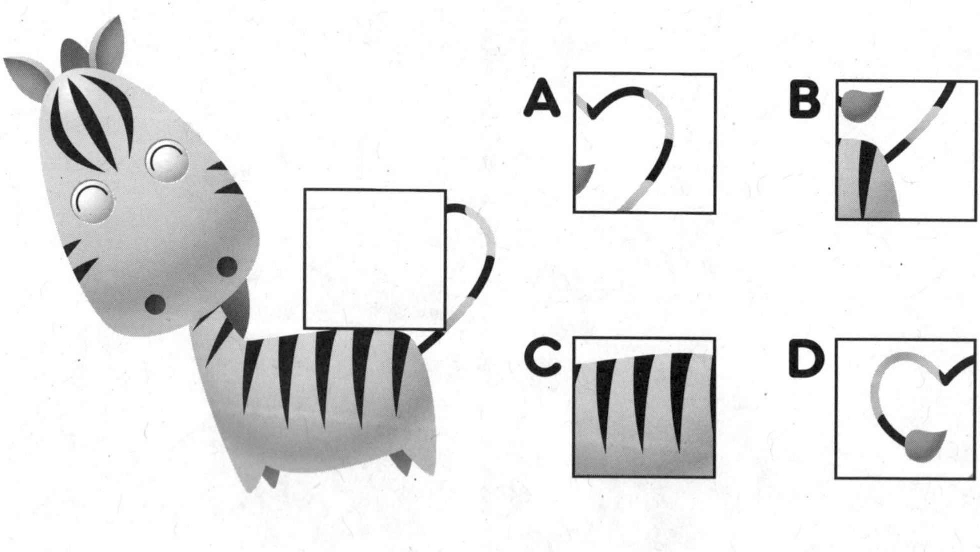

Dessin à colorier

Amuse-toi et mets de la couleur.

Les associations

Associe les objets qui ont un lien entre eux.

Cuisinier

Pompier

Plombier

Professeur

Échelle

Chaudron

Clé de serrage

Tableau

Les opposés

Colorie le gros animal en vert et le petit animal en rose.

Le mouton noir

Entoure dans chaque rangée le plus grand dessin.

L'aventurier

Aide l'avion et trace le chemin qui mène jusqu'à l'île.

Les 4 erreurs

Regarde bien ces deux images.
Trouve les quatre différences
et entoure-les.

Le labyrinthe

Aide l'enfant à chasser les papillons.
Tu dois capturer tous les papillons.

Les formes similaires

Relie chaque objet à la forme qu'il représente.

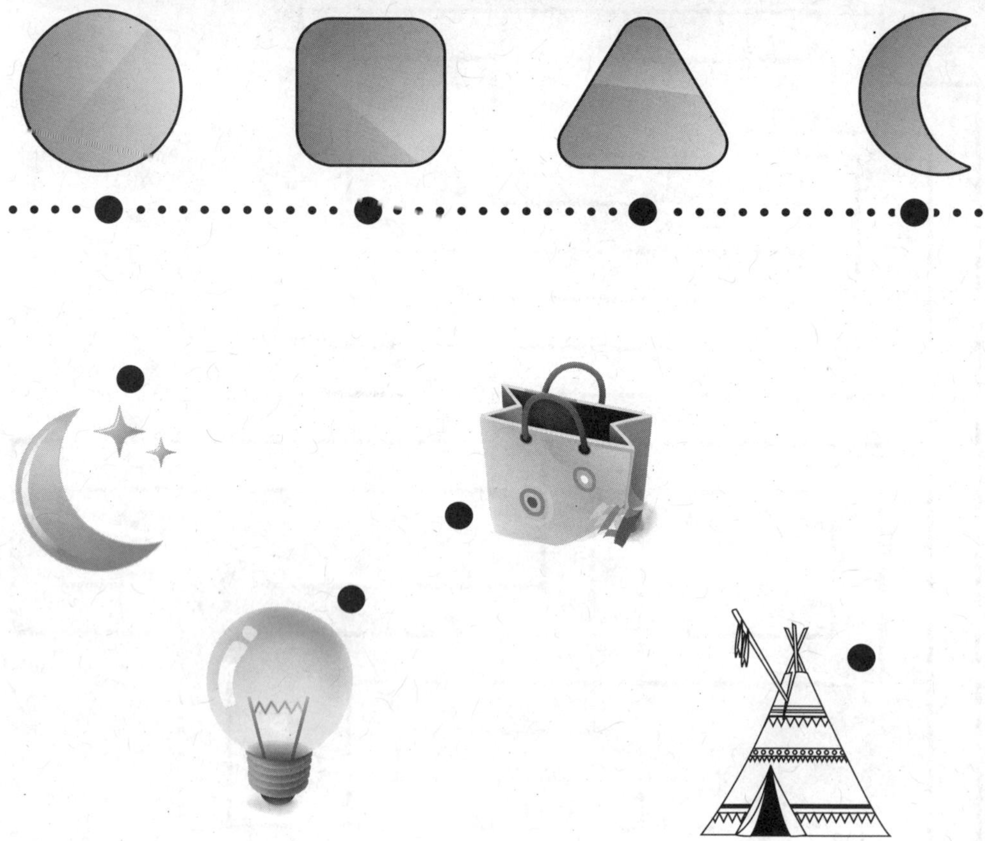

Le mathématicien

Dans chaque rangée, entoure le nombre d'éléments qui correspond au chiffre de gauche.

2 

4 

5 

La suite

Observe bien la suite ci-dessous. Complète la rangée en encerclant le dessin manquant.

L'identique

Associe les dessins qui sont identiques.

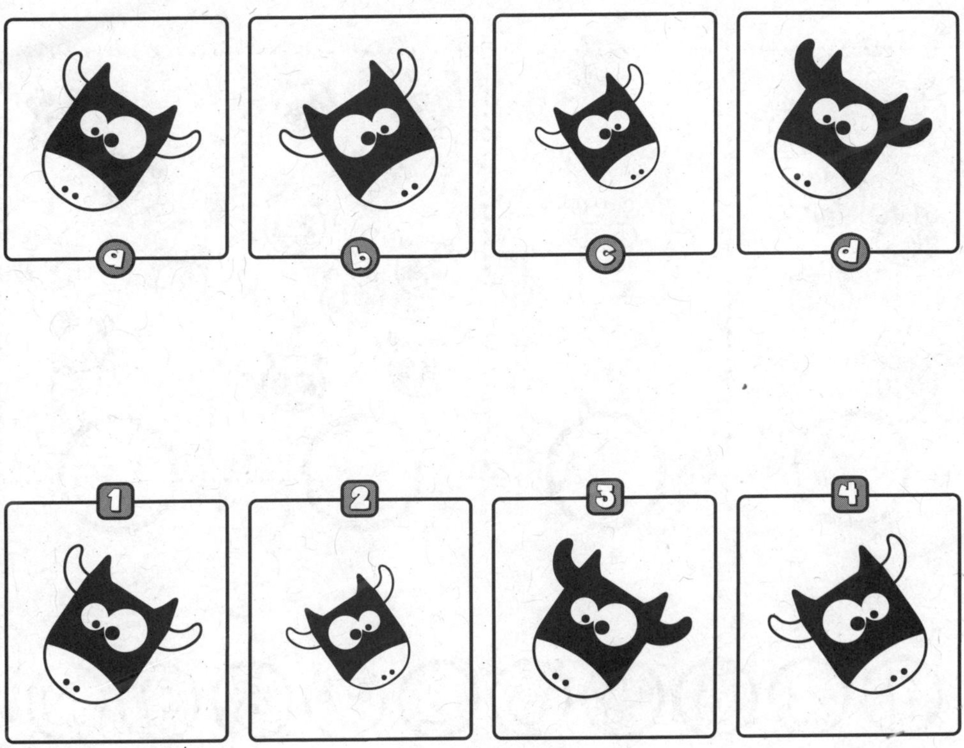

La calculatrice

Écris le nombre d'éléments dans chaque case.

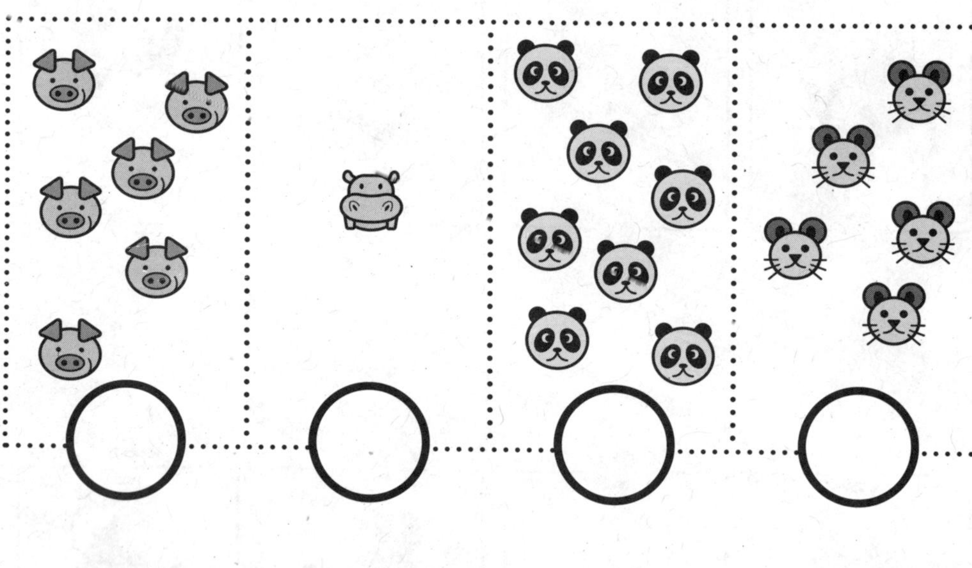

1 2 3 4 5 6 7 8 9 10

Le voyageur

Aide l'avion à se rendre à l'île. Suis les étoiles de mer et trace le chemin. Tu peux te déplacer de façon horizontale, verticale ou en diagonale.

Les doigts de la main

Entoure la main quand il y a 5 éléments dans la même rangée.

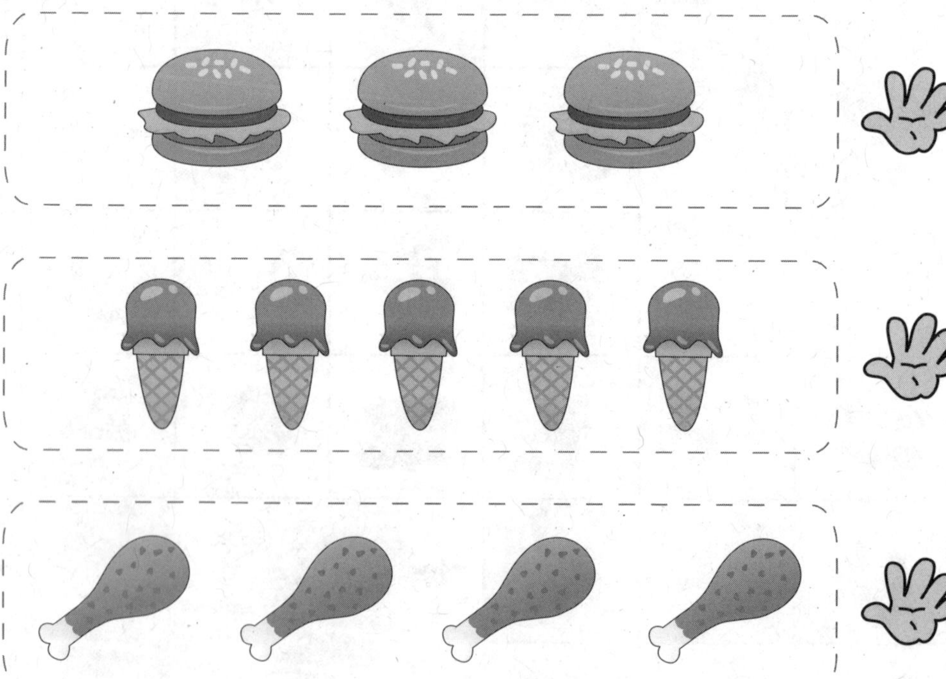

L'écrivain

Passe avec ton crayon sur les pointillés. Exerce-toi ensuite sans pointillés.

i i i

I I

j j j

J J

Le narrateur

Remets l'histoire dans l'ordre, en coloriant le chiffre qui correspond à chaque partie de l'histoire.

1 2 3

1 2 3

1 2 3

Émoticônes

Entoure quand la personne est triste.
Entoure quand la personne est joyeuse.

Le chercheur

Trouve les éléments de gauche dans le décor.

L'artiste

Aide madame Girafe et
retrace les dessins à droite.

Dans tous les sens

Entoure un des deux objets identiques. Si tu regardes la flèche qui se trouve en dessous, tu trouveras quel objet tu dois entourer.

EN BAS

De point en point

Relie chaque point dans l'ordre pour terminer le dessin. Quand tu as terminé, mets de la couleur.

Les jumeaux

Encercle les deux images qui sont identiques.

A

B

C

D

Dessin symétrique

Complète l'image.

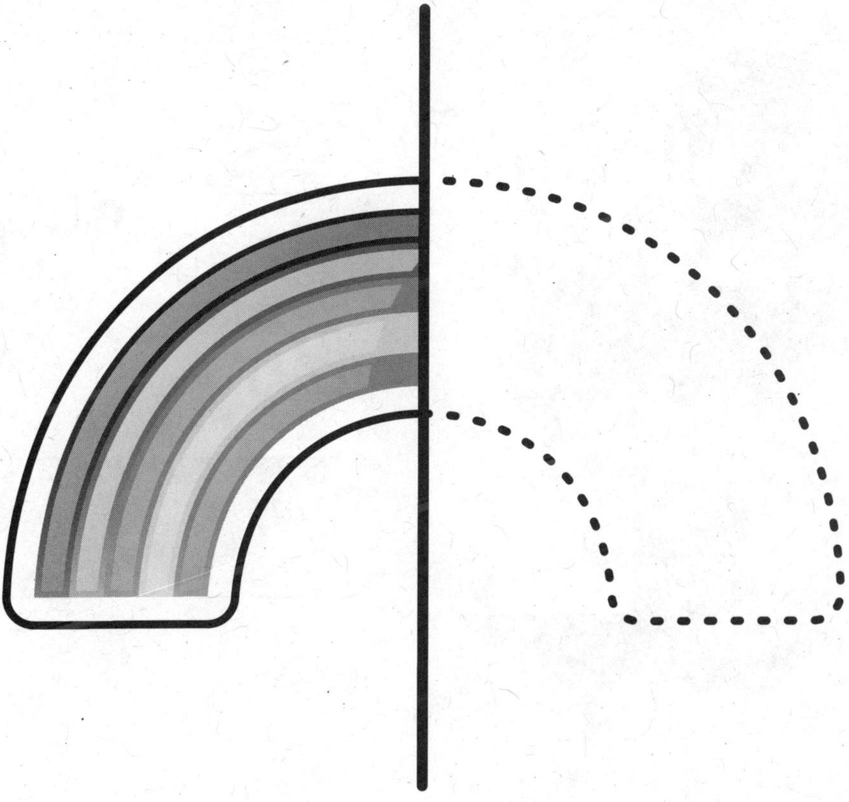

Le casse-tête

Trouve la partie manquante de l'image.

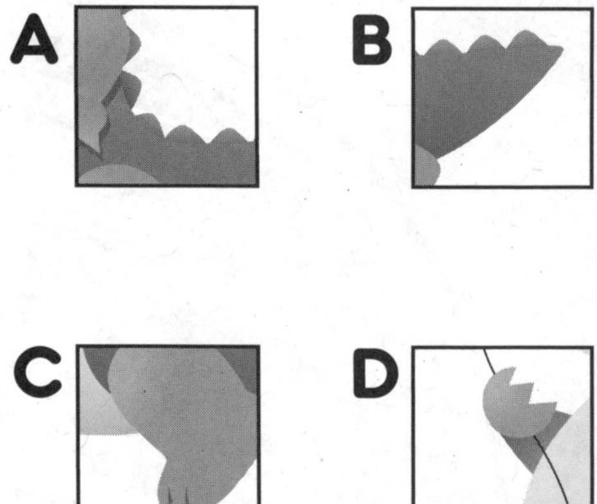

Dessin à colorier

Amuse-toi et mets de la couleur.

Les associations

Associe les objets qui ont un lien entre eux.

Baseball

Basketball

Soccer

Tennis

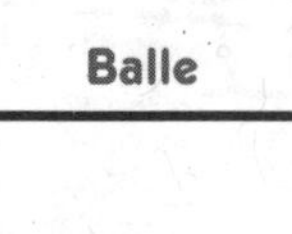

Balle

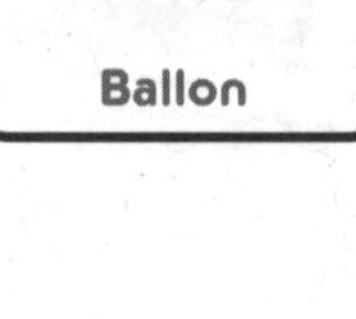

Ballon

Raquette

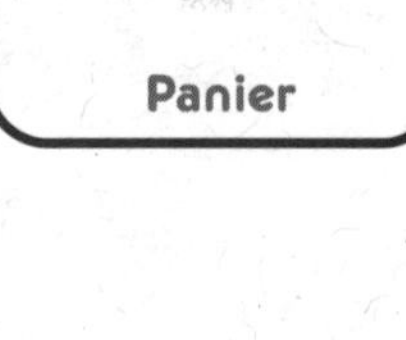

Panier

Les opposés

Colorie l'oiseau fort en orange et l'oiseau fragile en violet.

Le mouton noir

Entoure dans chaque rangée le plus grand dessin.

L'aventurier

Aide le canard et trace le chemin qui mène jusqu'à la baignoire.

Les 4 erreurs

Regarde bien ces deux images.
Trouve les quatre différences
et entoure-les.

Le labyrinthe

Aide le cowboy à se rendre jusqu'au cheval. Il doit aller chercher son amie au passage.

Les formes similaires

Relie chaque objet à la forme qu'il représente.

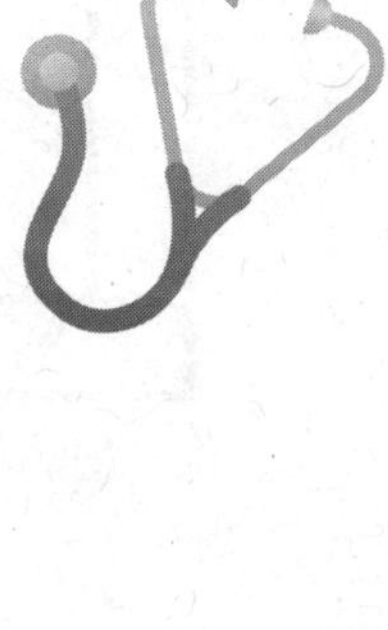

Le mathématicien

Dans chaque rangée, entoure le nombre d'éléments qui correspond au chiffre de gauche.

2

3

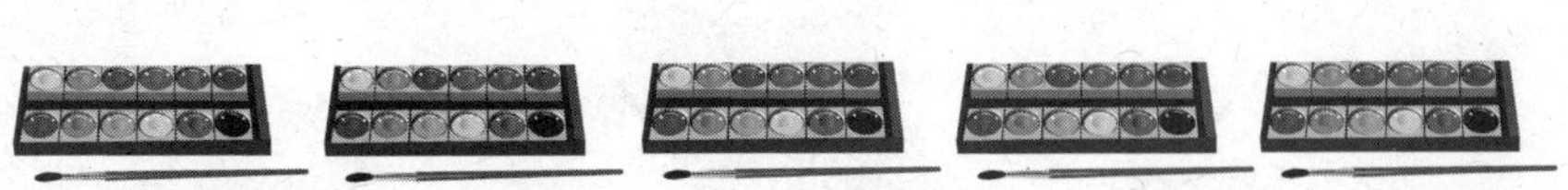

5

La suite

Observe bien la suite ci-dessous. Complète la rangée en encerclant le dessin manquant.

L'identique

Associe les dessins qui sont identiques.

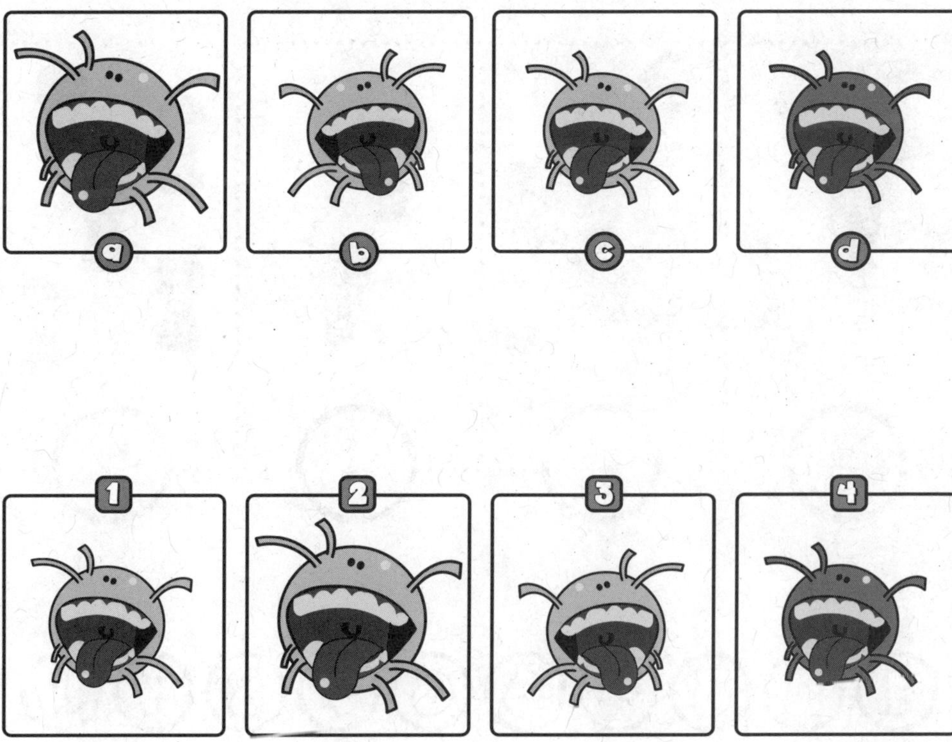

La calculatrice

Écris le nombre d'éléments dans chaque case.

1 2 3 4 5 6 7 8 9 10

Le voyageur

Aide le requin affamé à rejoindre les poissons. Suis les coquillages et trace le chemin. Tu peux te déplacer de façon horizontale, verticale ou en diagonale.

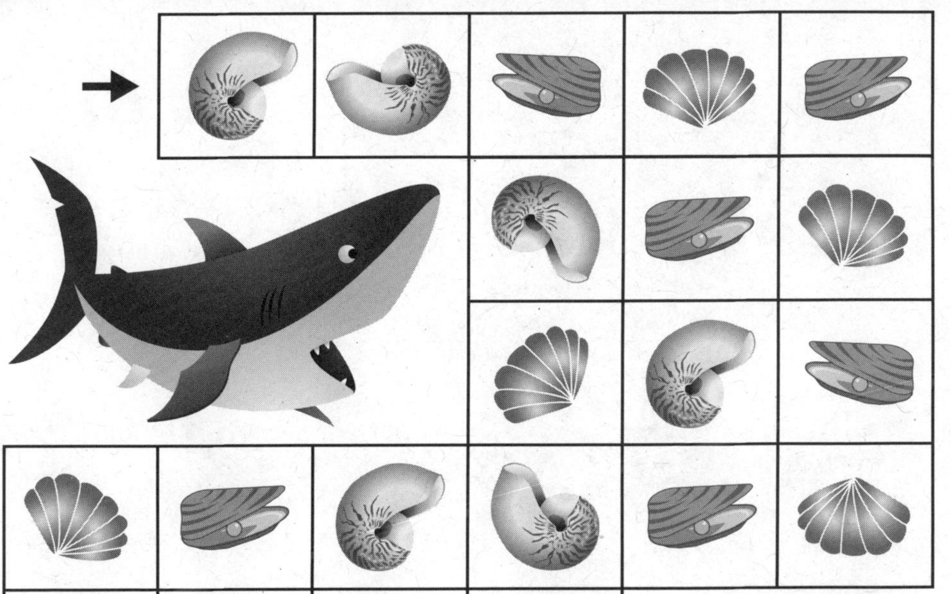

Les doigts de la main

Entoure la main quand il y a 5 éléments dans la même rangée.

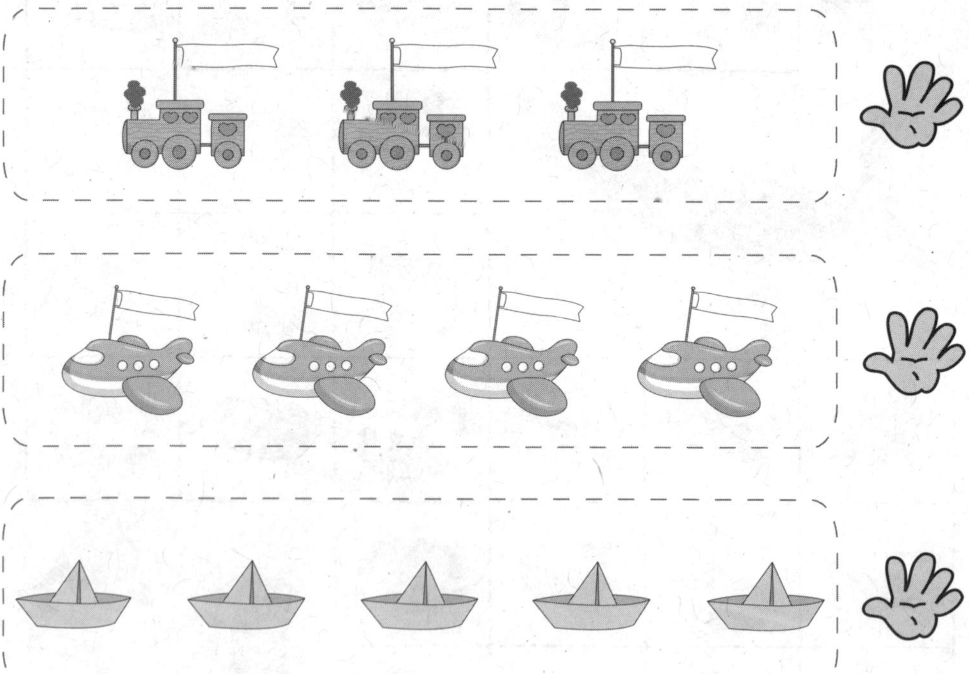

L'écrivain

Passe avec ton crayon sur les pointillés. Exerce-toi ensuite sans pointillés.

k k k

K K

l l l

L L

Le narrateur

Remets l'histoire dans l'ordre, en coloriant le chiffre qui correspond à chaque partie de l'histoire.

1 2 3

1 2 3

1 2 3

Émoticônes

Entoure ☹ quand la personne est triste.
Entoure ☺ quand la personne est joyeuse.

Le chercheur

Trouve les éléments de gauche dans le décor.

L'artiste

Aide madame Girafe et retrace les dessins à droite.

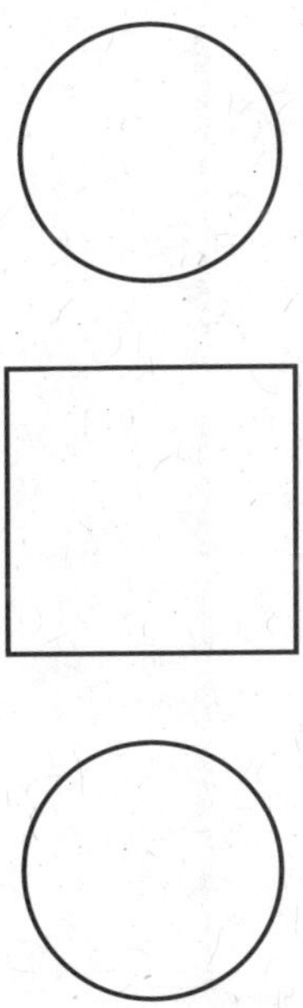

Dans tous les sens

Entoure un des deux objets identiques. Si tu regardes la flèche qui se trouve en dessous, tu trouveras quel objet tu dois entourer.

EN BAS

De point en point

Relie chaque point dans l'ordre pour terminer le dessin. Quand tu as terminé, mets de la couleur.

Les jumeaux

Encercle les deux images qui sont identiques.

A

B

C

D

Dessin symétrique

Complète l'image.

Le casse-tête

Trouve la partie manquante de l'image.

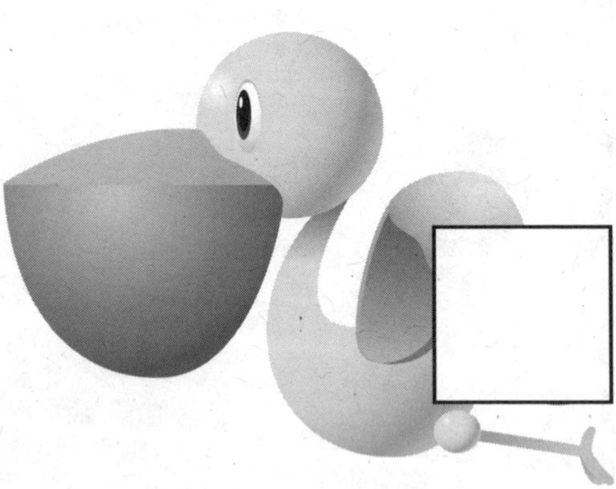

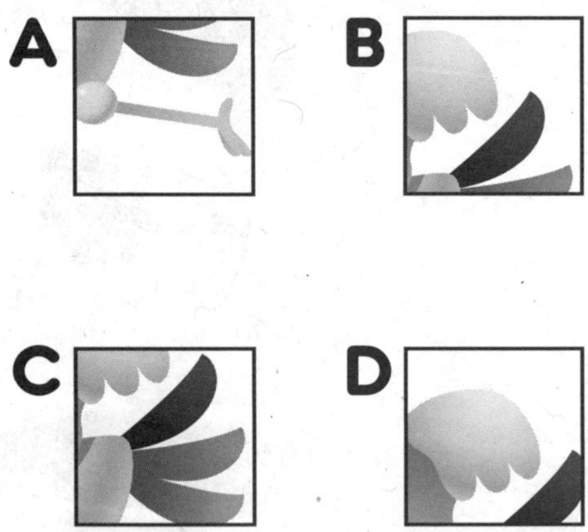

Dessin à colorier

Amuse-toi et mets de la couleur.

Les associations

Associe les objets qui ont un lien entre eux.

Laveuse

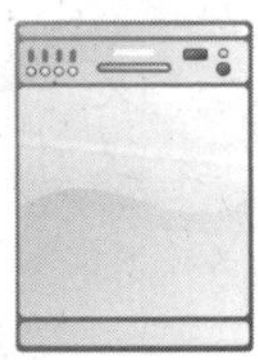

Lave-vaisselle

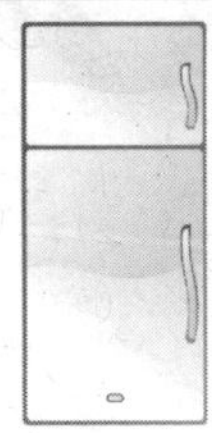

Réfrigérateur

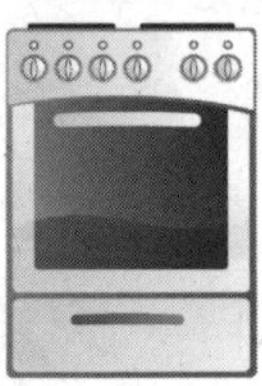

Cuisinière

Crème glacée

Chaudron

Robe

Assiettes

Les opposés

Colorie l'objet avec lequel tu peux voir l'espace en bleu et l'objet avec lequel tu peux regarder les oiseaux en rouge.

Le mouton noir

Entoure dans chaque rangée le plus grand dessin.

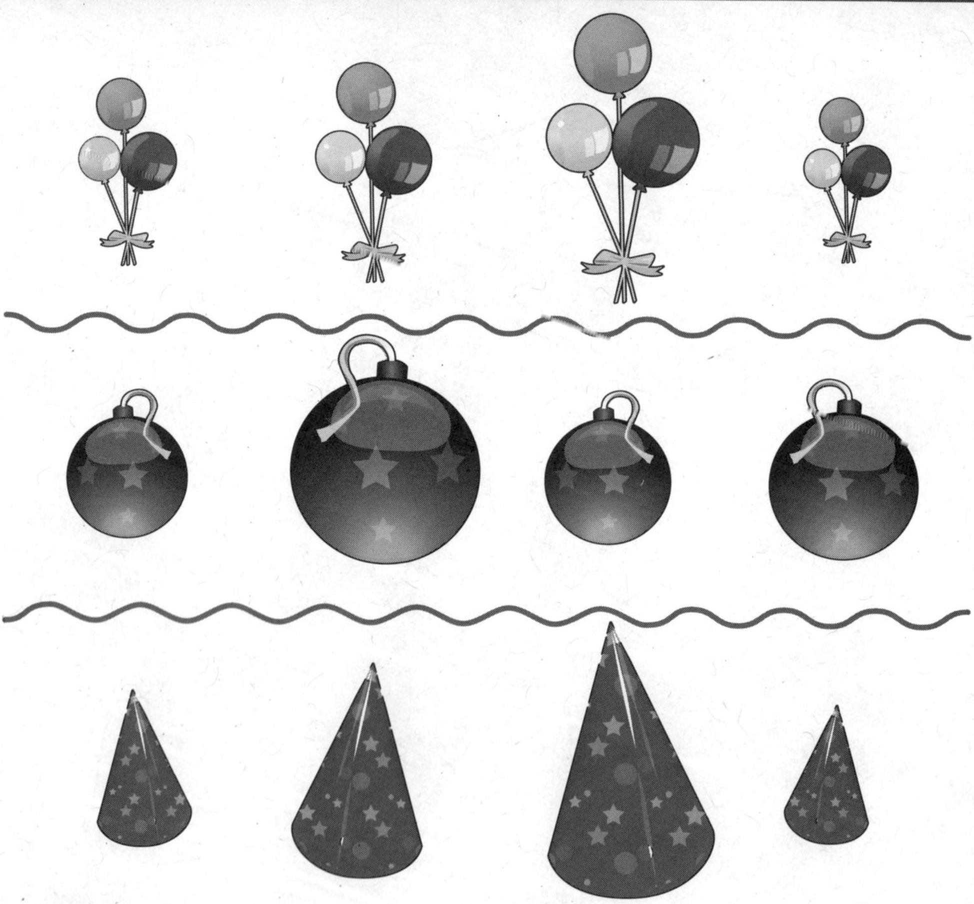

L'aventurier

Aide le chien et trace le chemin qui mène jusqu'à son ami.

Les 4 erreurs

Regarde bien ces deux images. Trouve les quatre différences et entoure-les.

Le labyrinthe

Aide le livreur à se rendre chez ses clients. N'oublie pas de ramasser toutes les pizzas !

Les formes similaires

Relie chaque objet à la forme qu'il représente.

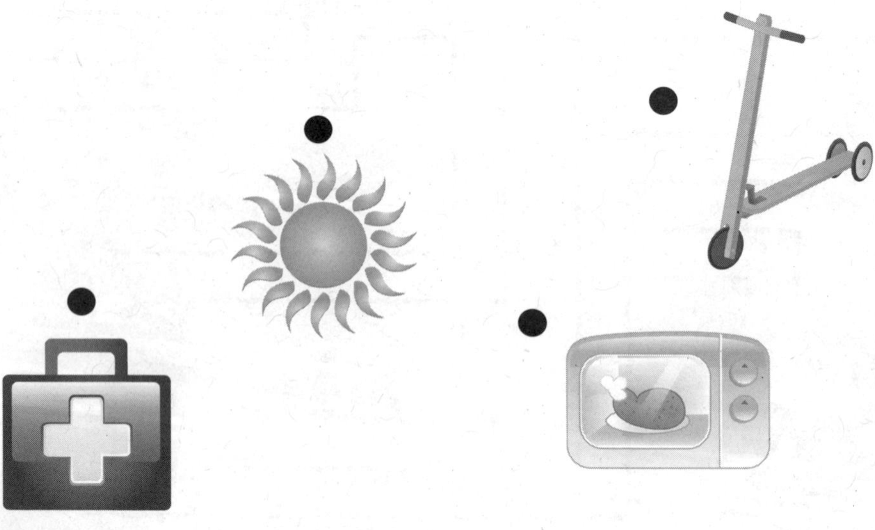

Le mathématicien

Dans chaque rangée, entoure le nombre d'éléments qui correspond au chiffre de gauche.

5 

2 

4 

La suite

Observe bien la suite ci-dessous.
Complète la rangée en encerclant
le dessin manquant.

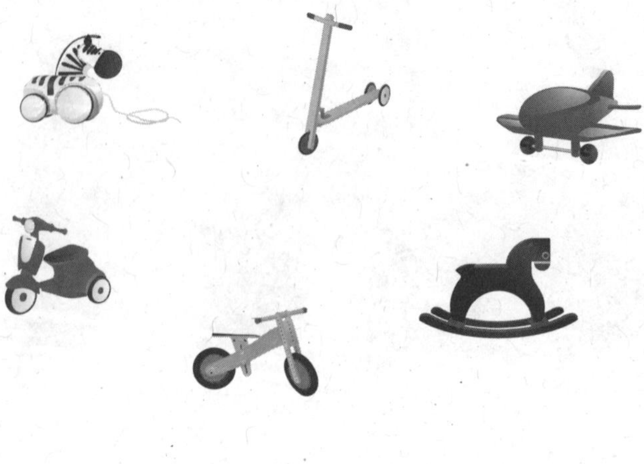

L'identique

Associe les dessins qui sont identiques.

La calculatrice

Écris le nombre d'éléments dans chaque case.

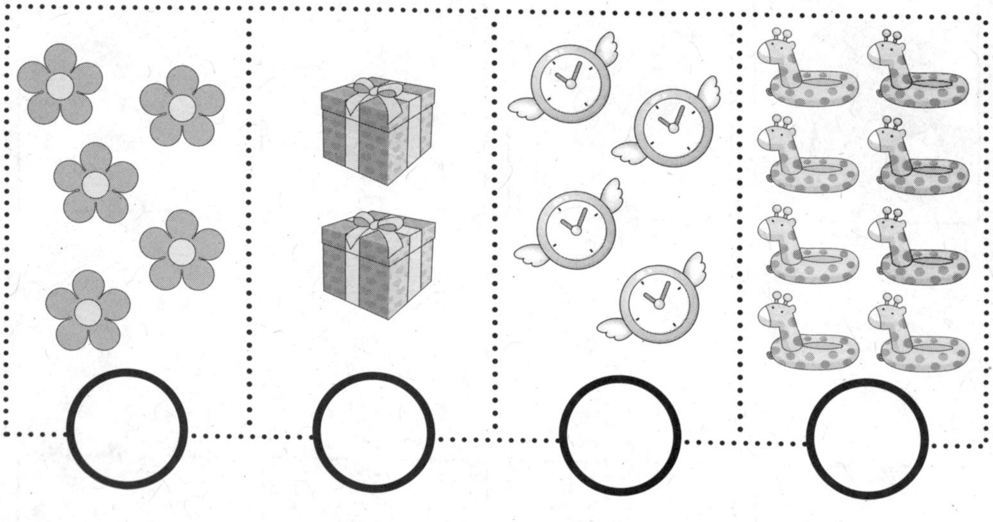

1 2 3 4 5 6 7 8 9 10

Le voyageur

Aide le singe à retrouver ses bananes.
Suis les fraises et trace le chemin.
Tu peux te déplacer de façon horizontale, verticale ou en diagonale.

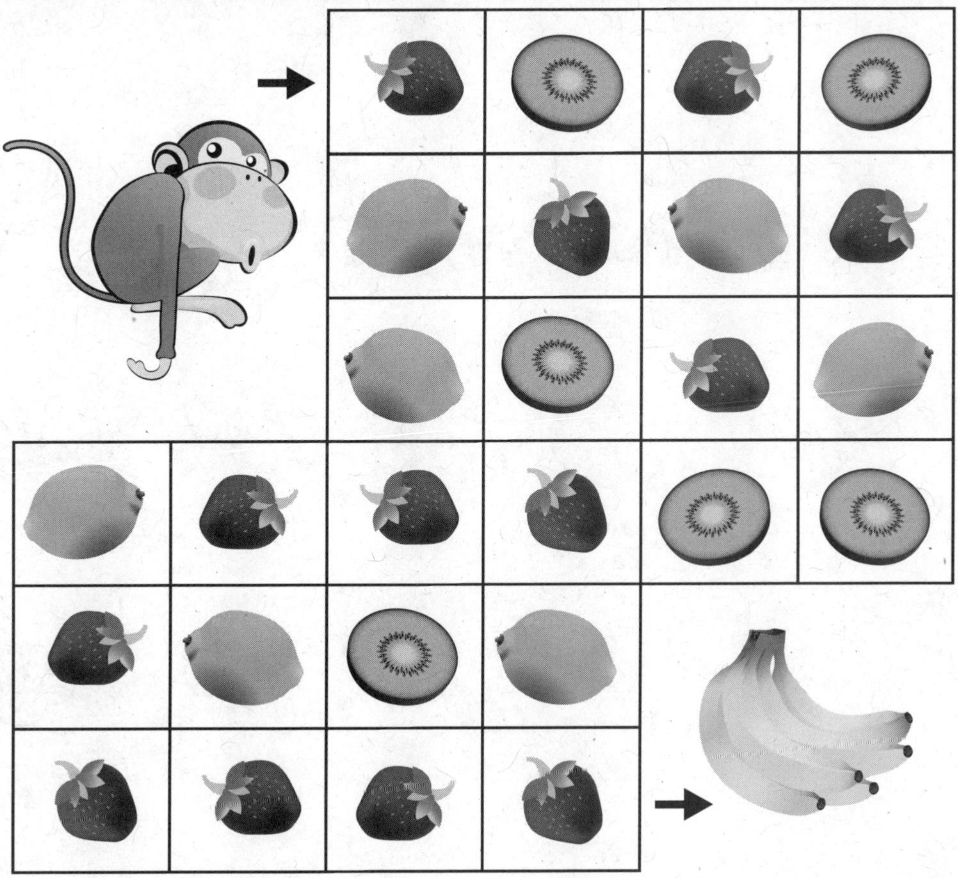

Les doigts de la main

Entoure la main quand il y a
5 éléments dans la même rangée.

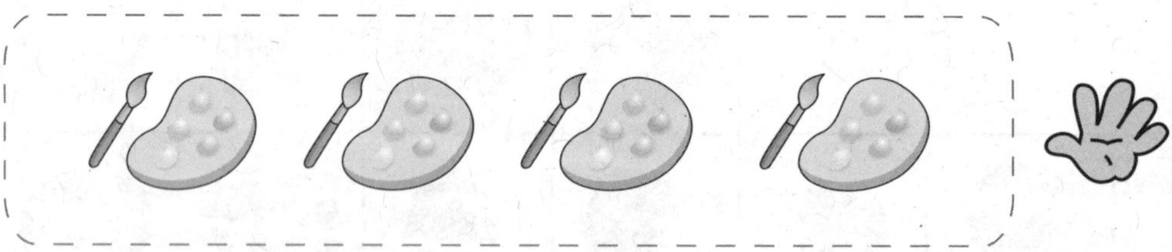

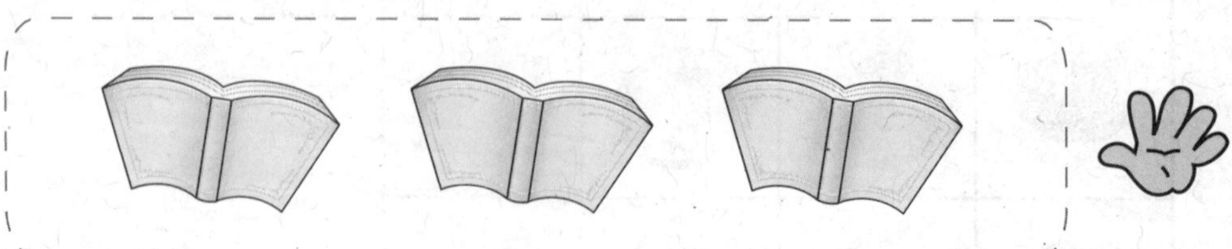

L'écrivain

Passe avec ton crayon sur les pointillés. Exerce-toi ensuite sans pointillés.

m m m

M M

n n n

N N

Le narrateur

Remets l'histoire dans l'ordre, en coloriant le chiffre qui correspond à chaque partie de l'histoire.

Émoticônes

Entoure 😮 quand la personne est triste.
Entoure 😃 quand la personne est joyeuse.

Le chercheur

Trouve les éléments de gauche dans le décor.

L'artiste

Aide madame Girafe et retrace le dessin à droite.

Dans tous les sens

Entoure un des deux objets identiques. Si tu regardes la flèche qui se trouve en dessous, tu trouveras quel objet tu dois entourer.

EN HAUT

De point en point

Relie chaque point dans l'ordre pour terminer le dessin. Quand tu as terminé, mets de la couleur.

Les jumeaux

Encercle les deux images qui sont identiques.

A

B

C

D

Dessin symètrique

Complète l'image.

Le casse-tête

Trouve la partie manquante de l'image.

A

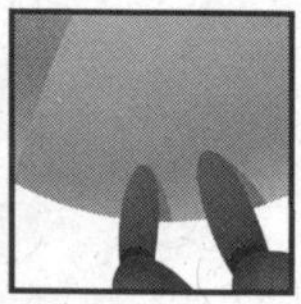

B

C

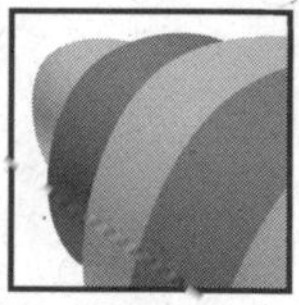

D

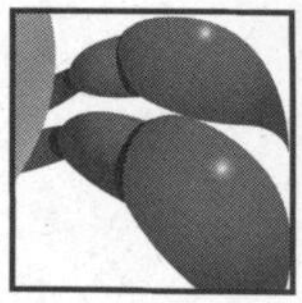

Dessin à colorier

Amuse-toi et mets de la couleur.

Les associations

Associe les objets qui ont un lien entre eux.

Notes

Clé

Fleurs

Pluie

Parapluie

Cadenas

Pot

Piano

Les opposés

Colorie la vieille personne en gris et la jeune personne en jaune.

Le mouton noir

Entoure dans chaque rangée le plus grand dessin.

L'aventurier

Aide le lionceau et trace le chemin qui mène jusqu'à son père.

Les 4 erreurs

Regarde bien ces deux images.
Trouve les quatre différences
et entoure-les.

Jour 178

Le labyrinthe

Aide le chien à se rendre jusqu'à sa niche. N'oublie pas de ramasser son bol !

Les formes similaires

Relie chaque objet à la forme qu'il représente.

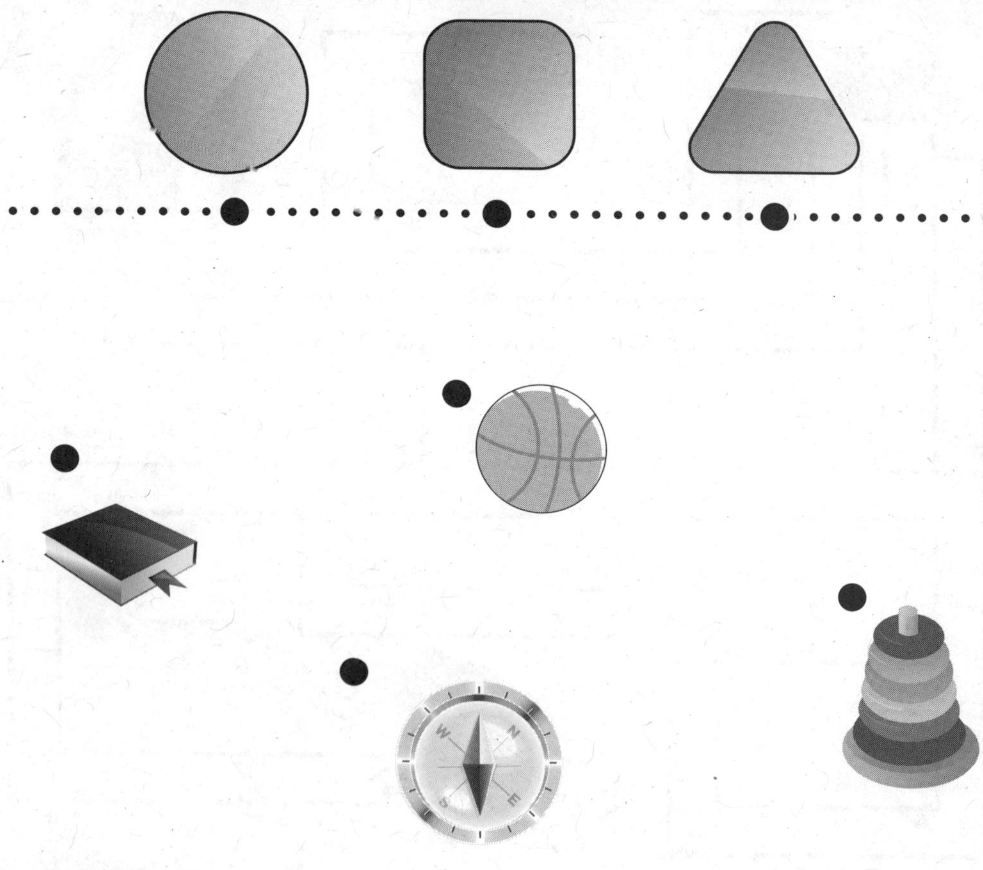

Le mathématicien

Dans chaque rangée, entoure le nombre d'éléments qui correspond au chiffre de gauche.

1 

4 

3 

La suite

Observe bien la suite ci-dessous. Complète la rangée en encerclant le dessin manquant.

L'identique

Associe les dessins qui sont identiques.

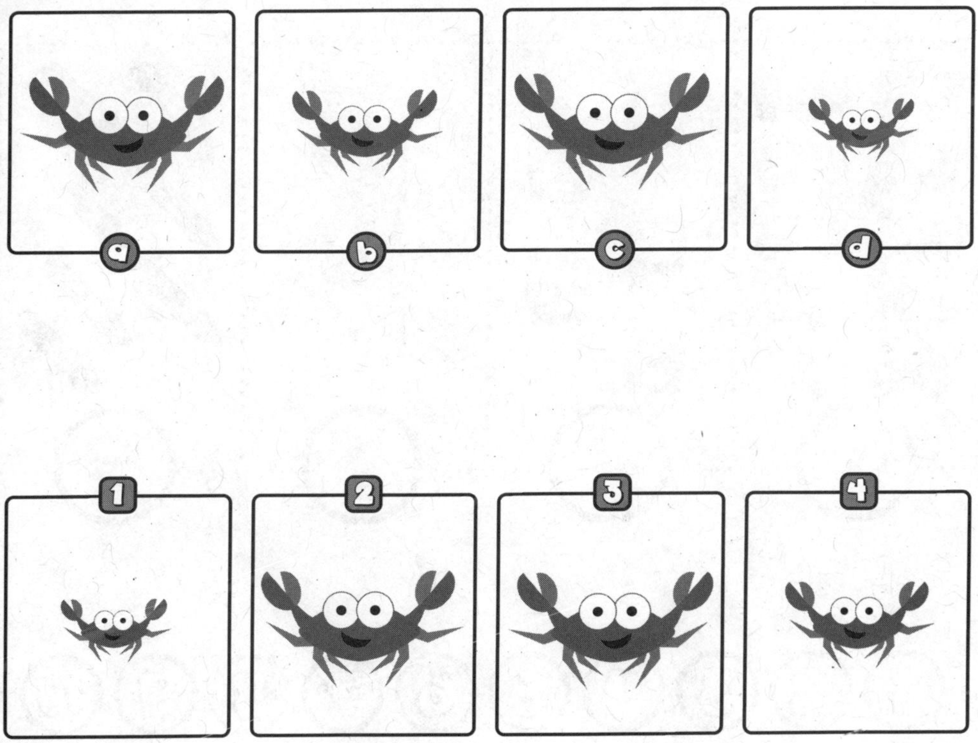

La calculatrice

Écris le nombre d'éléments dans chaque case.

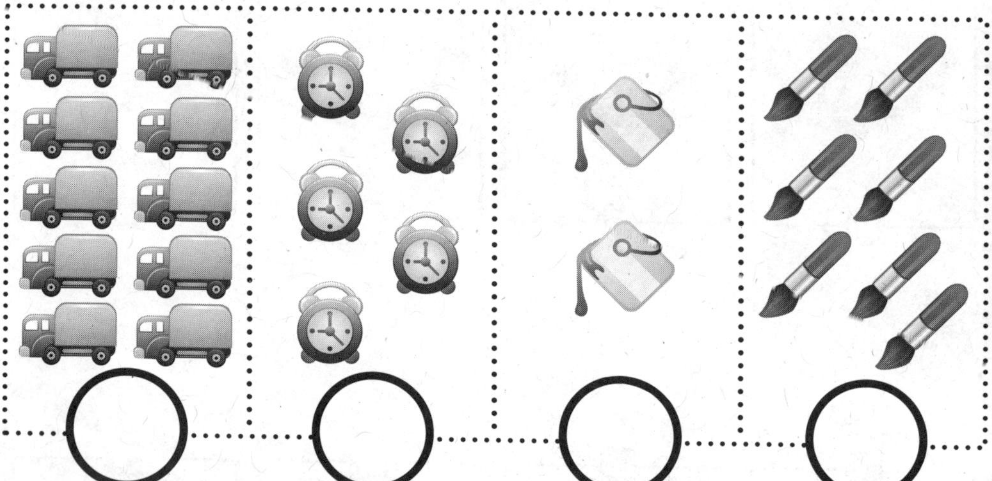

1 2 3 4 5 6 7 8 9 10

Le voyageur

Aide le chaton à retrouver son ami. Suis les souris et trace le chemin. Tu peux te déplacer de façon horizontale, verticale ou en diagonale.

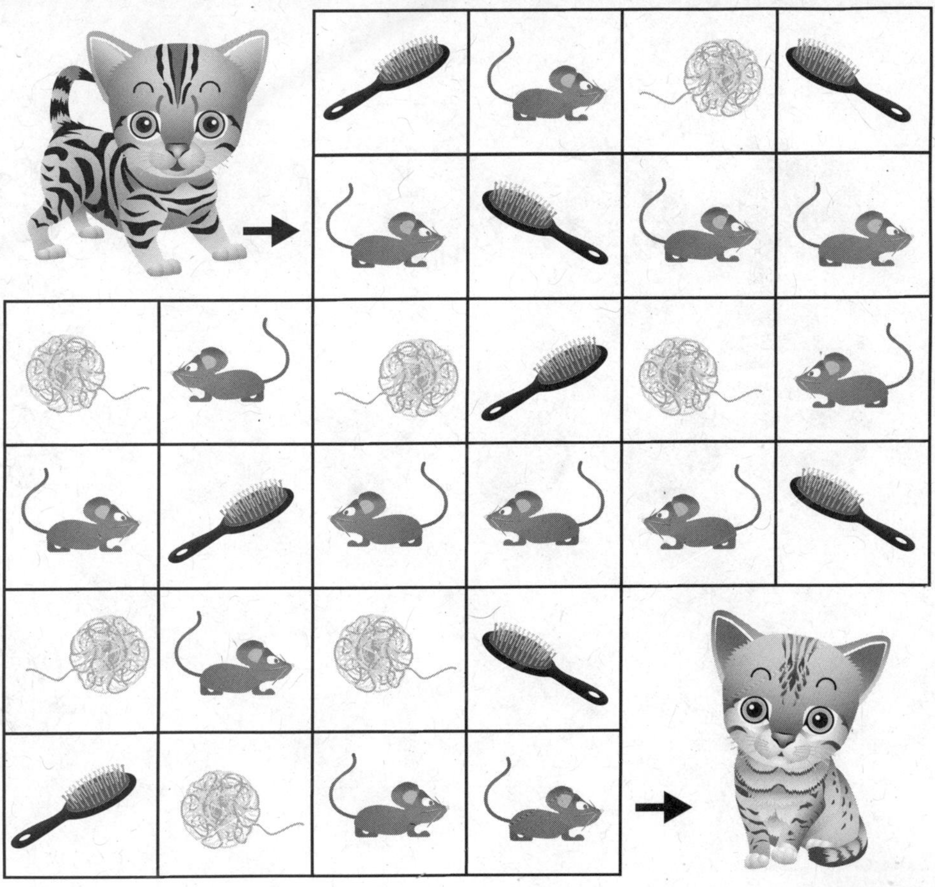

Les doigts de la main

Entoure la main quand il y a 5 éléments dans la même rangée.

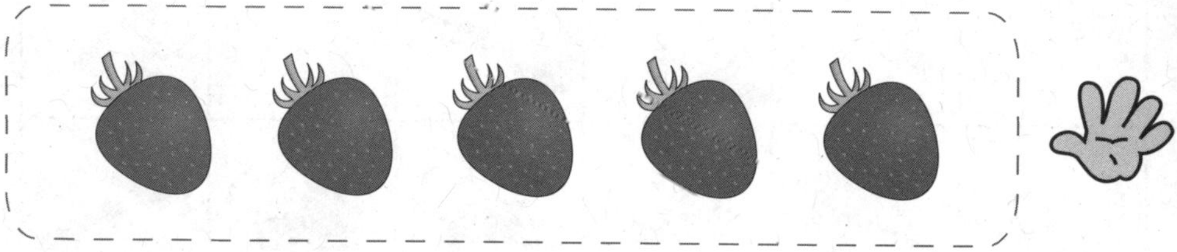

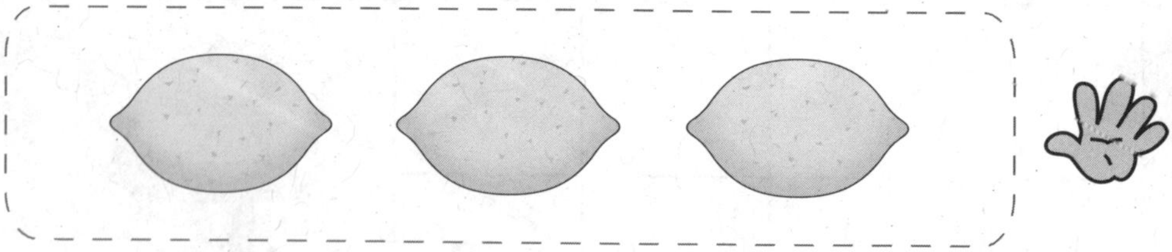

L'écrivain

Passe avec ton crayon sur les pointillés. Exerce-toi ensuite sans pointillés.

o o o

O O

p p p

P P

Le narrateur

Remets l'histoire dans l'ordre, en coloriant le chiffre qui correspond à chaque partie de l'histoire.

Émoticônes

Entoure 😮 quand la personne est triste.
Entoure 😃 quand la personne est joyeuse.

Le chercheur

Trouve les éléments de gauche dans le décor.

Jour 190

L'artiste

Aide madame Girafe et retrace les dessins à droite.

Dans tous les sens

Entoure un des deux objets identiques. Si tu regardes la flèche qui se trouve en dessous, tu trouveras quel objet tu dois entourer.

EN BAS

De point en point

Relie chaque point dans l'ordre pour terminer le dessin. Quand tu as terminé, mets de la couleur.

Les jumeaux

Encercle les deux images qui sont identiques.

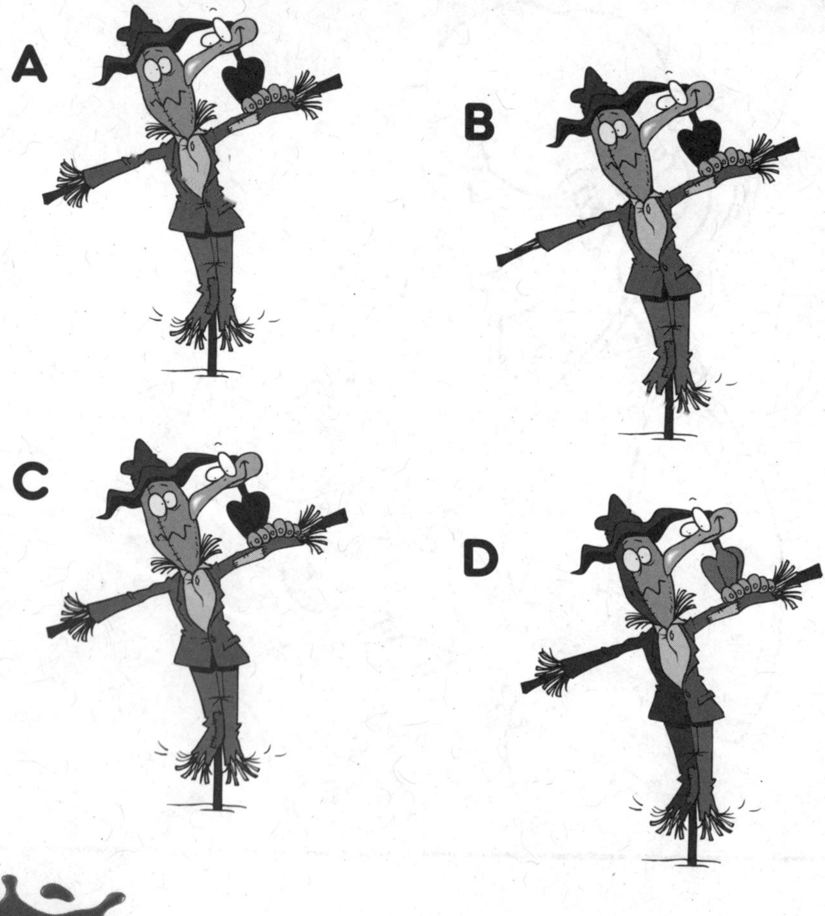

Dessin symétrique

Complète l'image.

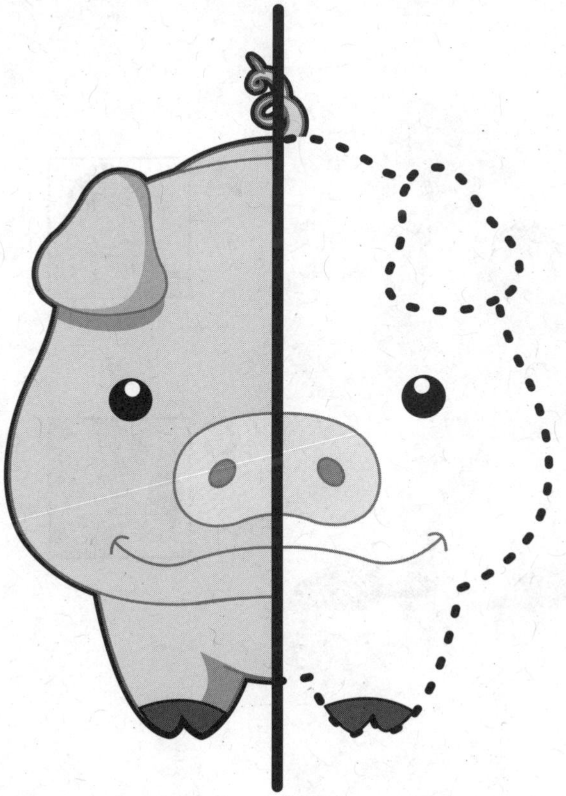

Le casse-tête

Trouve la partie manquante de l'image.

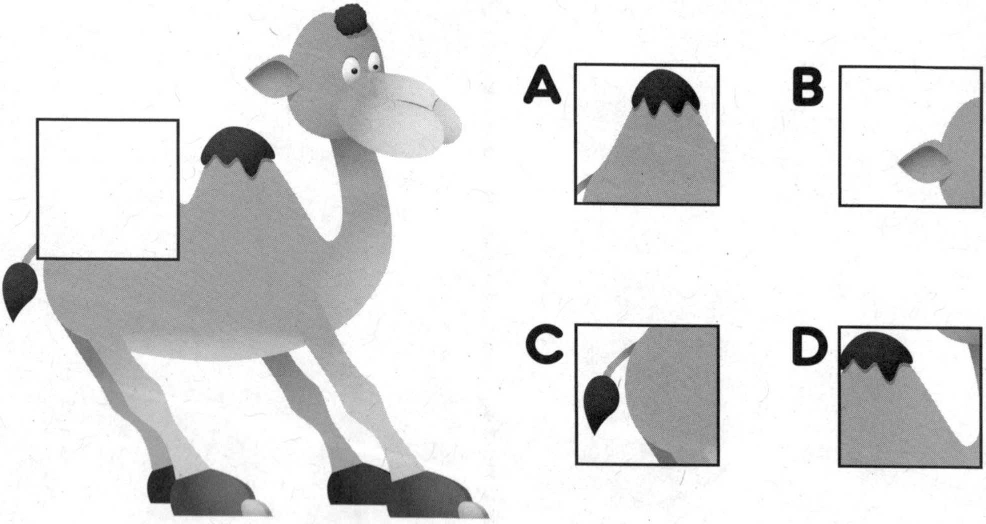

Dessin à colorier

Amuse-toi et mets de la couleur.

Les associations

Associe les objets qui ont un lien entre eux.

Suces

Chandelle

Noix de coco

Nid

Allumettes

Palmier

Biberons

Oiseau

Jour 198

Les opposés

Colorie l'animal rapide en orange et l'animal lent en vert.

Le mouton noir

Entoure dans chaque rangée le plus grand dessin.

L'aventurier

Aide l'oiseau et trace le chemin qui mène jusqu'à ses petits.

Les 4 erreurs

Regarde bien ces deux images. Trouve les quatre différences et entoure-les.

Le labyrinthe

Aide le homard à se rendre jusqu'à ses amis.

Jour 203

Les formes similaires

Relie chaque objet à la forme qu'il représente.

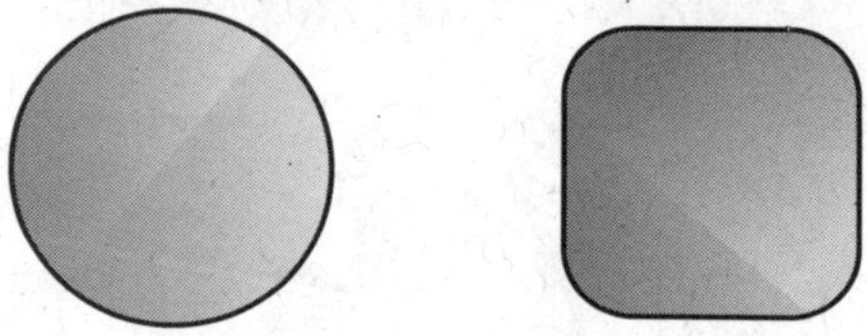

Le mathématicien

Dans chaque rangée, entoure le nombre d'éléments qui correspond au chiffre de gauche.

4 

2 

5 

La suite

Observe bien la suite ci-dessous. Complète la rangée en encerclant le dessin manquant.

L'identique

Associe les dessins qui sont identiques.

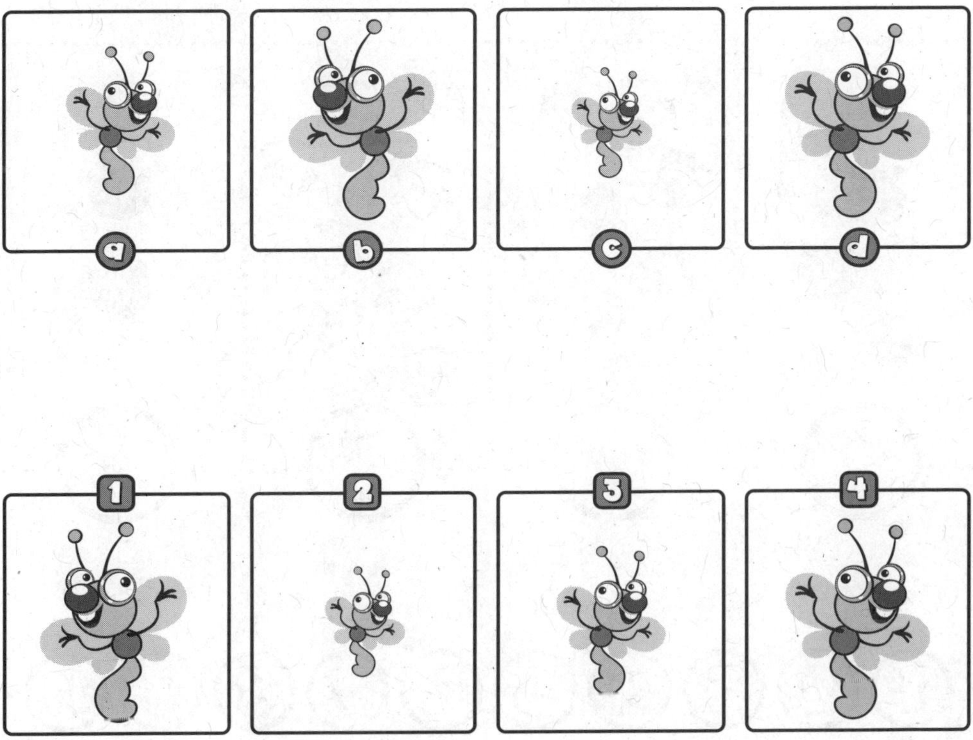

La calculatrice

Écris le nombre d'éléments dans chaque case.

1 2 3 4 5 6 7 8 9 10

Le voyageur

Aide le hibou à se rendre jusqu'à l'arbre. Suis les feuilles et trace le chemin. Tu peux te déplacer de façon horizontale, verticale ou en diagonale.

Les doigts de la main

Entoure la main quand il y a 5 éléments dans la même rangée.

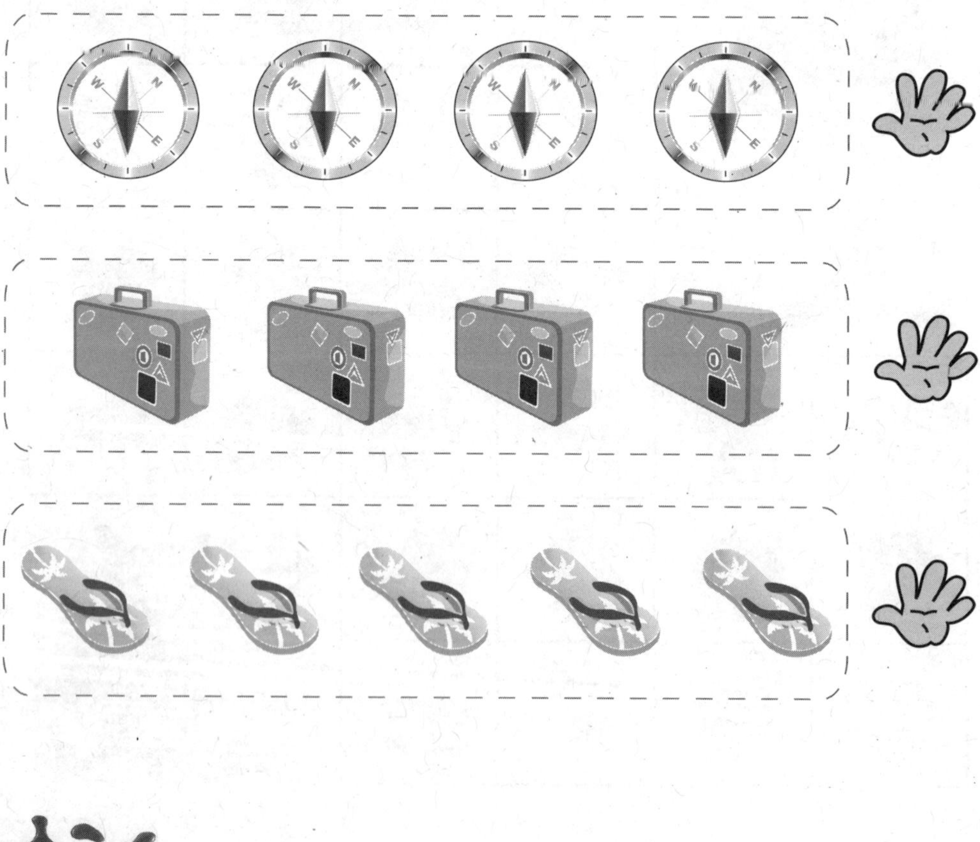

L'écrivain

Passe avec ton crayon sur les pointillés. Exerce-toi ensuite sans pointillés.

q q q

Q Q

r r r

R R

Le narrateur

Remets l'histoire dans l'ordre, en coloriant le chiffre qui correspond à chaque partie de l'histoire.

1 2 3

1 2 3

1 2 3

Émoticônes

Entoure ☹ quand la personne est triste.
Entoure ☺ quand la personne est joyeuse.

Le chercheur

Trouve les éléments de gauche dans le décor.

L'artiste

Aide madame Girafe et retrace le dessin à droite.

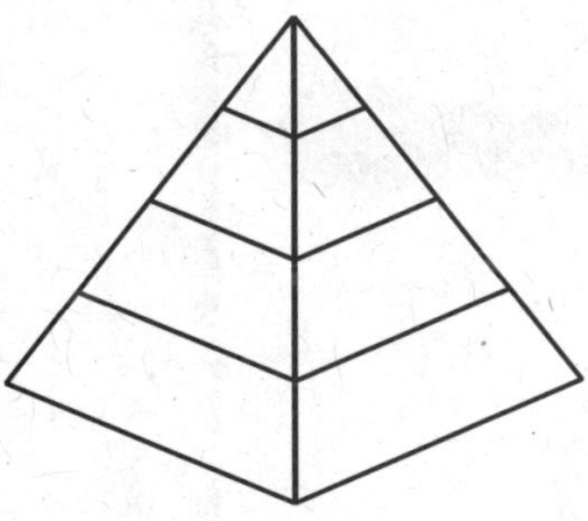

Dans tous les sens

Entoure un des deux objets identiques. Si tu regardes la flèche qui se trouve en dessous, tu trouveras quel objet tu dois entourer.

EN HAUT

De point en point

Relie chaque point dans l'ordre pour terminer le dessin. Quand tu as terminé, mets de la couleur.

Les jumeaux

Encercle les deux images qui sont identiques.

A

B

C

D

Dessin symètrique

Complète l'image.

Le casse-tête

Trouve la partie manquante de l'image.

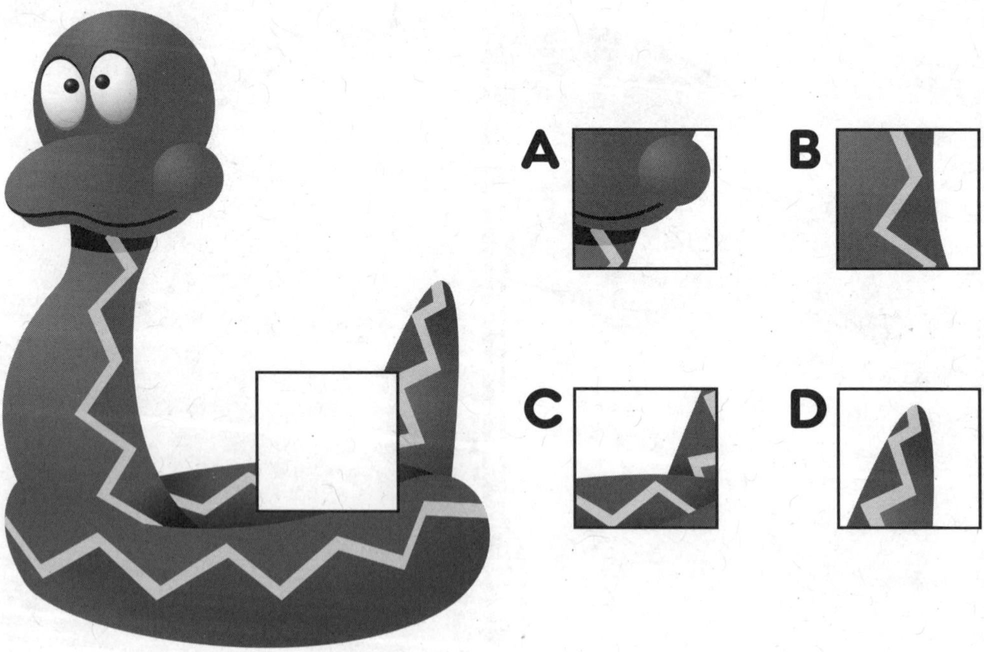

Dessin à colorier

Amuse-toi et mets de la couleur.

Les associations

Associe les objets qui ont un lien entre eux.

Cornet

Poussette

Lune

Lunettes de soleil

Étoile

Bébé

Soleil

Barre glacée

Les opposés

Colorie le moyen de transport qui vole en violet et celui qui flotte en vert.

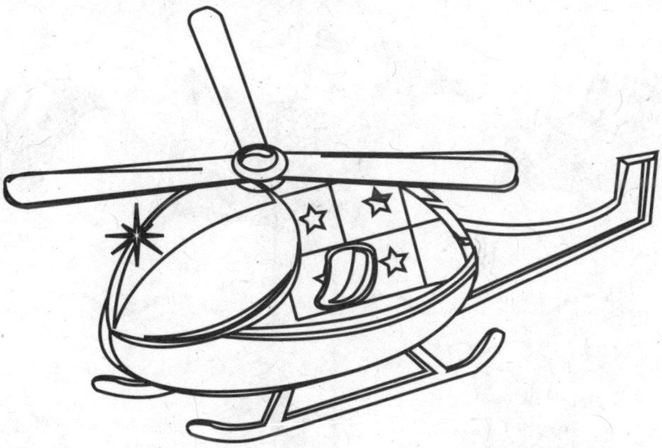

Le mouton noir

Entoure dans chaque rangée le plus grand dessin.

L'aventurier

Aide le chien et trace le chemin qui mène jusqu'à son bol.

Les 4 erreurs

Regarde bien ces deux images.
Trouve les quatre différences
et entoure-les.

Le labyrinthe

Aide l'oiseau à pêcher toutes les crevettes.

Les formes similaires

Relie chaque objet à la forme qu'il représente.

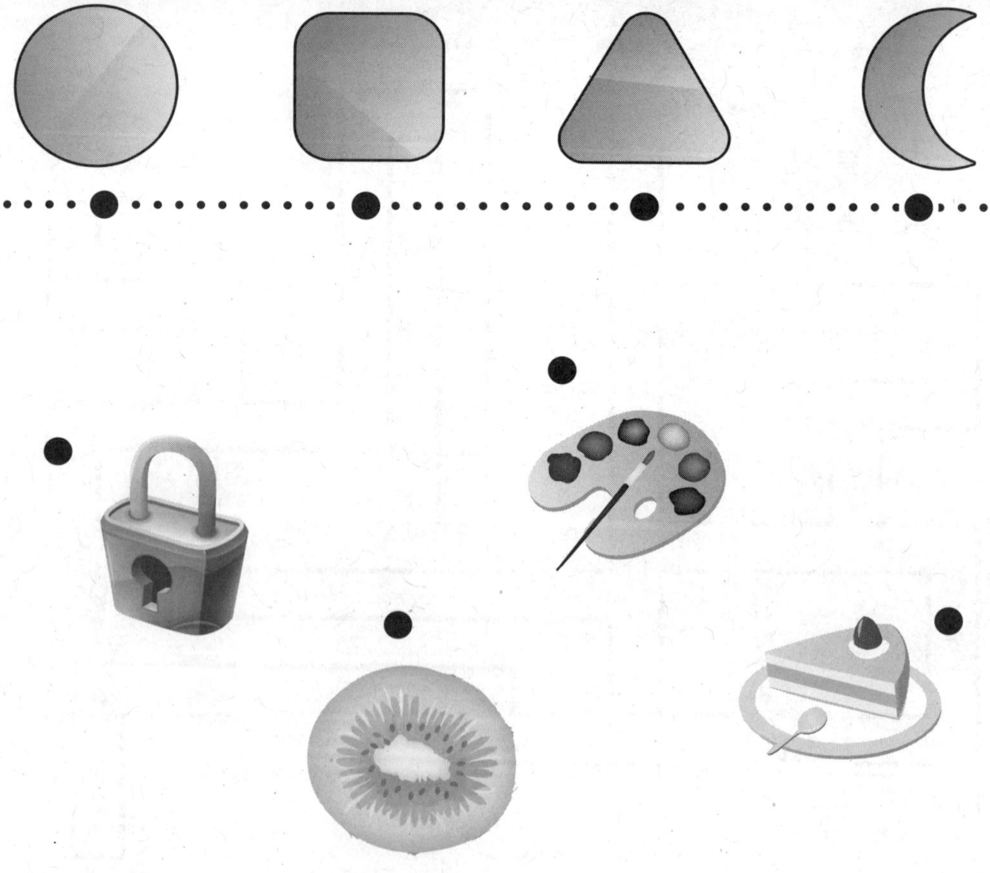

Le mathématicien

Dans chaque rangée, entoure le nombre d'éléments qui correspond au chiffre de gauche.

2 

4 

3 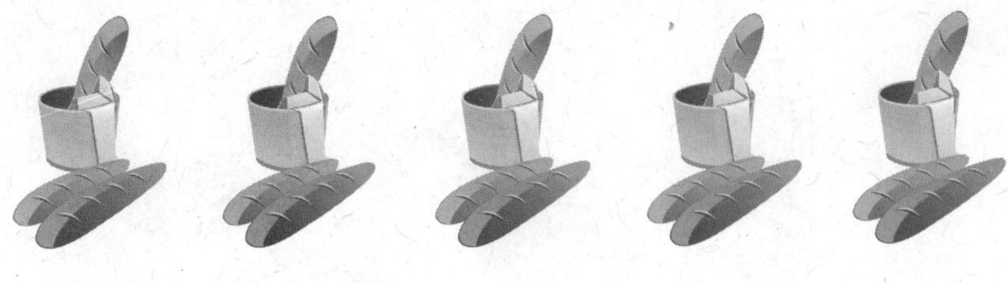

La suite

Observe bien la suite ci-dessous.
Complète la rangée en encerclant
le dessin manquant.

L'identique

Associe les dessins qui sont identiques.

a b c d

1 2 3 4

La calculatrice

Écris le nombre d'éléments dans chaque case.

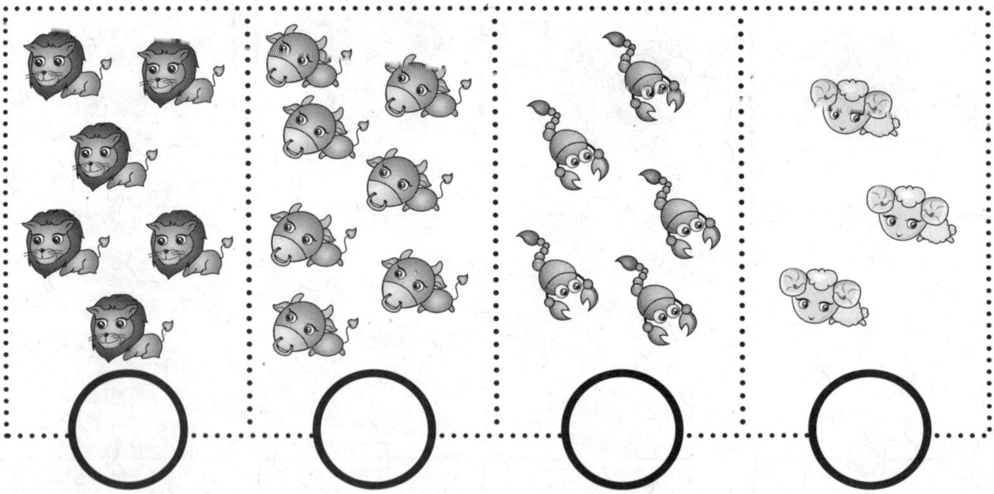

1 2 3 4 5 6 7 8 9 10

Le voyageur

Aide l'abeille à se rendre à la fleur. Suis les coccinelles et trace le chemin. Tu peux te déplacer de façon horizontale, verticale ou en diagonale.

Les doigts de la main

Entoure la main quand il y a 5 éléments dans la même rangée.

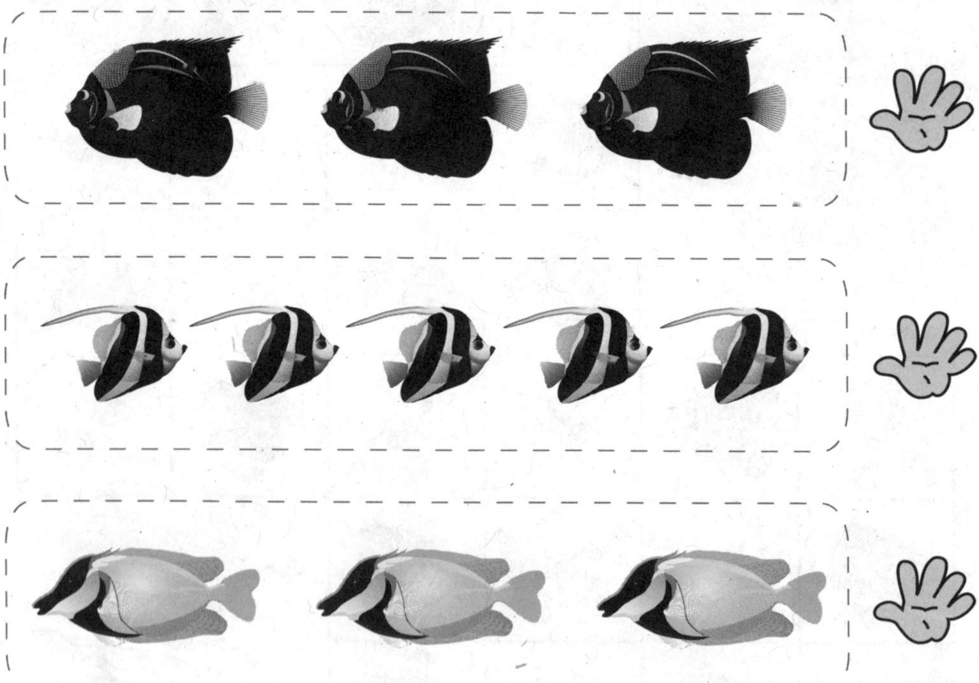

L'écrivain

Passe avec ton crayon sur les pointillés. Exerce-toi ensuite sans pointillés.

s s s

S S

t t t

T T

Le narrateur

Remets l'histoire dans l'ordre, en coloriant le chiffre qui correspond à chaque partie de l'histoire.

Émoticônes

Entoure quand la personne est triste.
Entoure quand la personne est joyeuse.

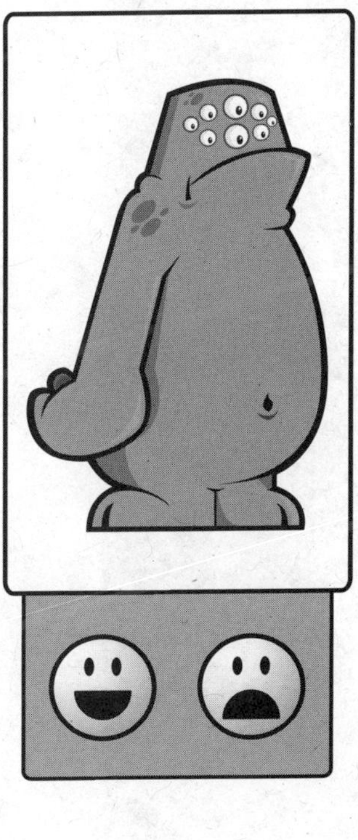

Le chercheur

Trouve les éléments de gauche dans le décor.

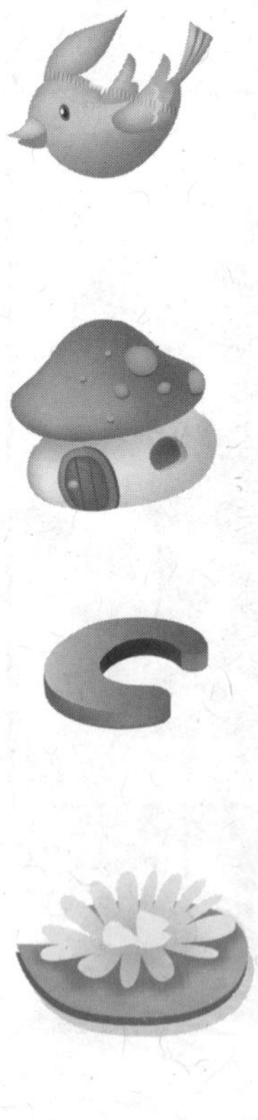

L'artiste

Aide madame Girafe et
retrace les dessins à droite.

Dans tous les sens

Entoure un des deux objets identiques. Si tu regardes la flèche qui se trouve en dessous, tu trouveras quel objet tu dois entourer.

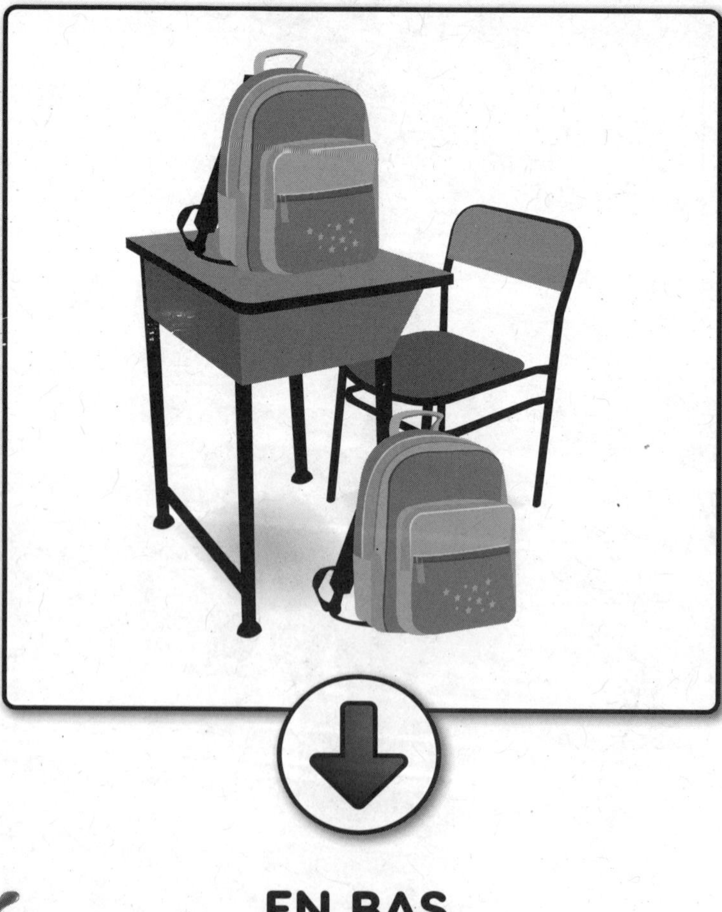

EN BAS

De point en point

Relie chaque point dans l'ordre pour terminer le dessin. Quand tu as terminé, mets de la couleur.

Les jumeaux

Encercle les deux images qui sont identiques.

A

B

C

D

Dessin symétrique

Complète l'image.

Le casse-tête

Trouve la partie manquante de l'image.

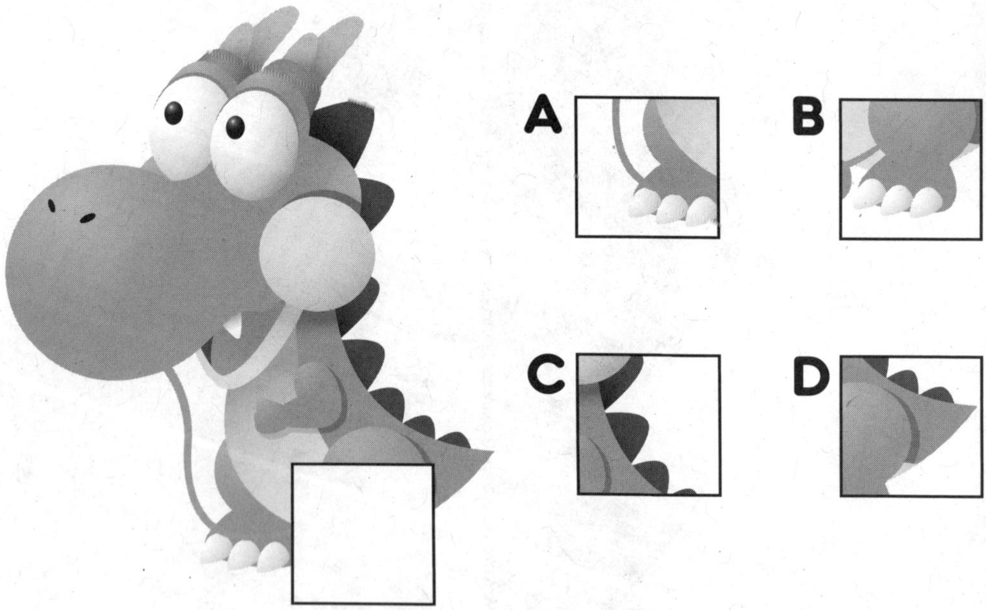

Dessin à colorier

Amuse-toi et mets de la couleur.

Les associations

Associe les objets qui ont un lien entre eux.

Pelle et râteaux

Araignée

Sorcière

Navire

Potion magique

Gouvernail

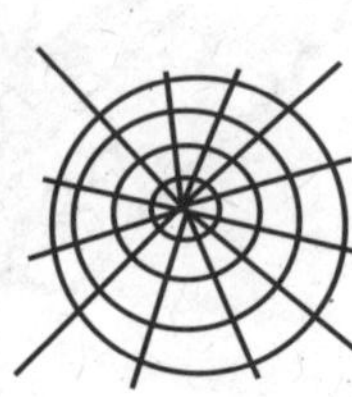

Toile

Jardinage

Les opposés

Colorie l'animal en jaune et le meuble en bleu.

Le mouton noir

Entoure dans chaque rangée le plus grand dessin.

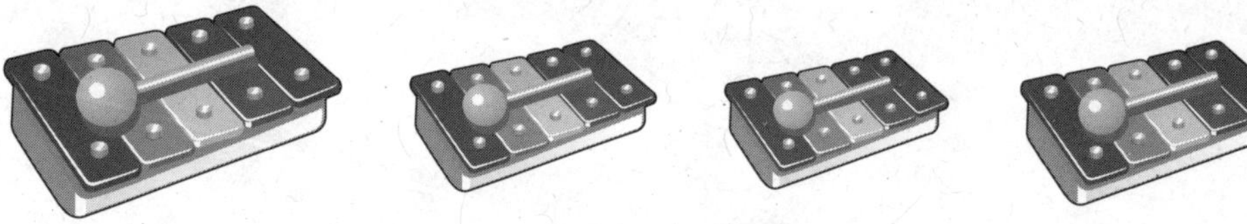

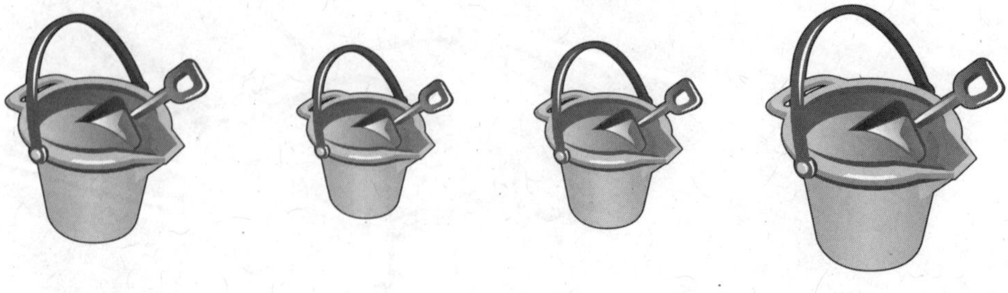

L'aventurier

Aide la souris et trace le chemin qui mène jusqu'au fromage.

Jour 249

Les 4 erreurs

Regarde bien ces deux images.
Trouve les quatre différences
et entoure-les.

Le labyrinthe

Aide le détective à se rendre jusqu'au malfaiteur. Suis les traces de doigt et les traces de chaussure.

Les formes similaires

Relie chaque objet à la forme qu'il représente.

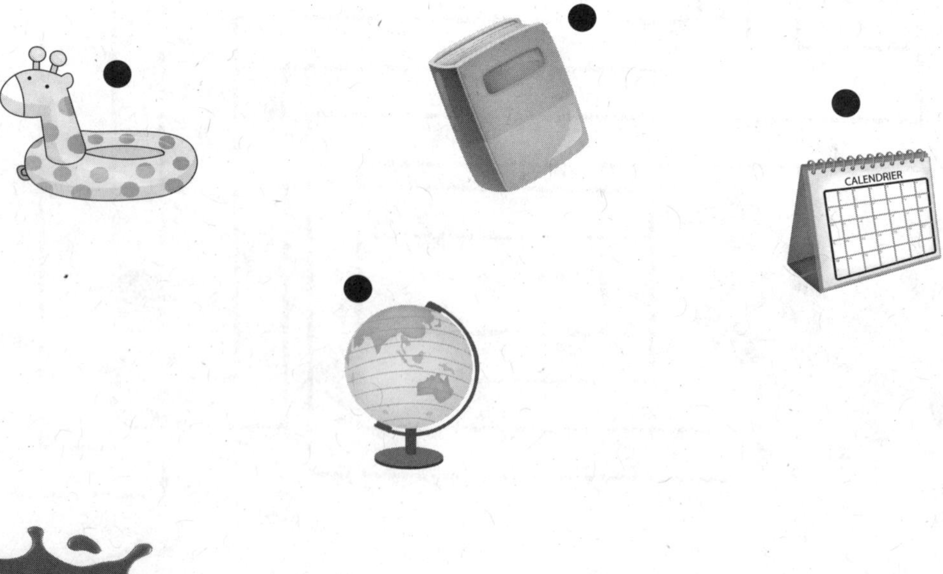

Le mathématicien

Dans chaque rangée, entoure le nombre d'éléments qui correspond au chiffre de gauche.

2 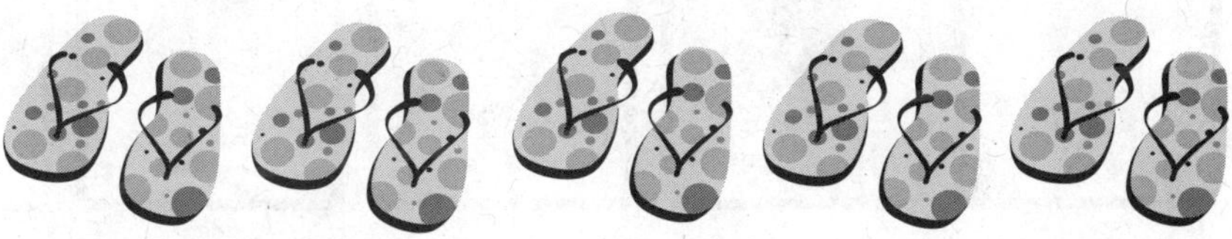

1 

4 

La suite

Observe bien la suite ci-dessous. Complète la rangée en encerclant le dessin manquant.

L'identique

Associe les dessins qui sont identiques.

La calculatrice

Écris le nombre d'éléments dans chaque case.

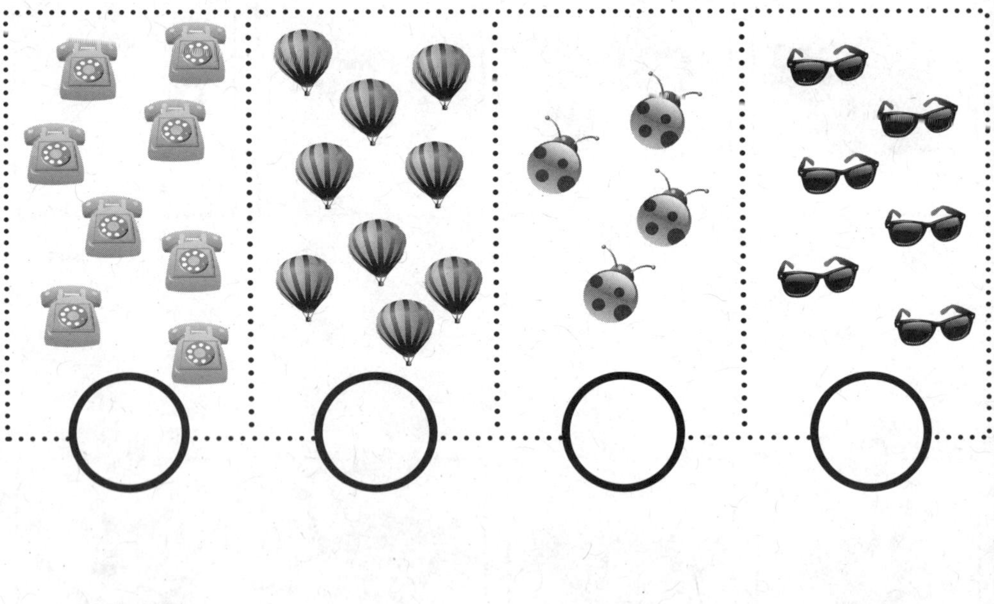

1 2 3 4 5 6 7 8 9 10

Le voyageur

Aide le cheval à se rendre jusqu'à la pomme. Suis les fers à cheval et trace le chemin. Tu peux te déplacer de façon horizontale, verticale ou en diagonale.

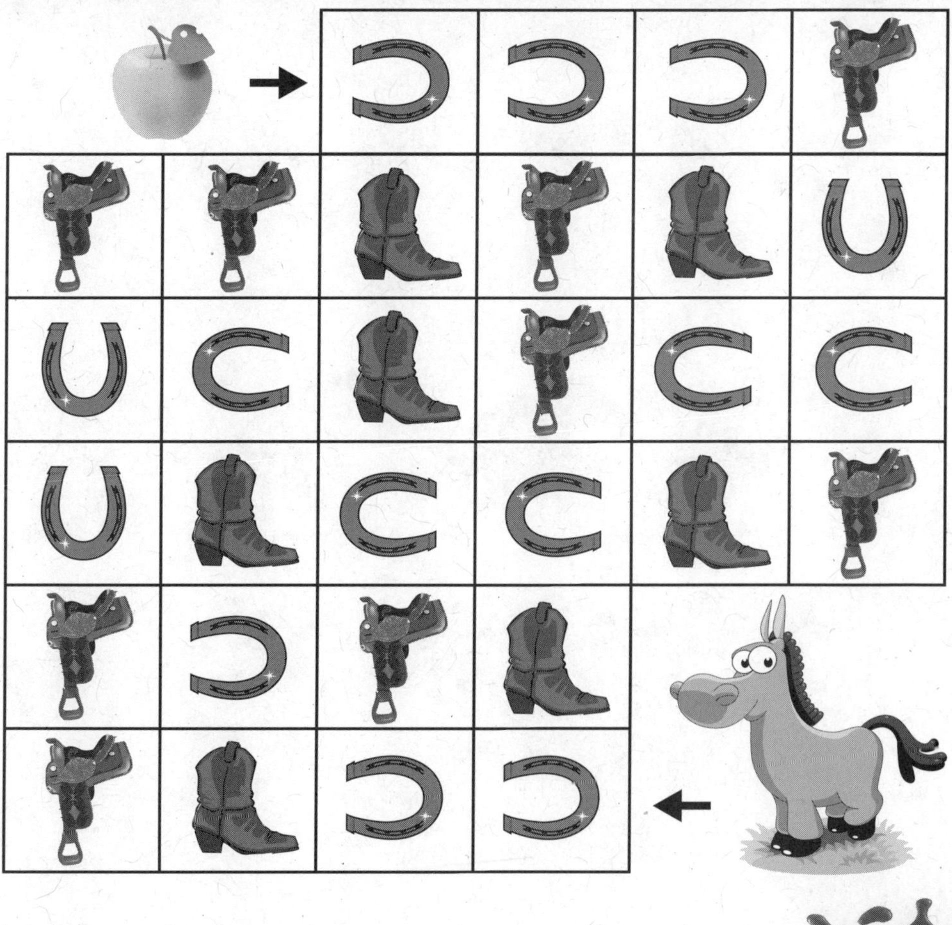

Les doigts de la main

Entoure la main quand il y a 5 éléments dans la même rangée.

L'écrivain

Passe avec ton crayon sur les pointillés. Exerce-toi ensuite sans pointillés.

w w w

W W

x x x

X X

Le narrateur

Remets l'histoire dans l'ordre, en coloriant le chiffre qui correspond à chaque partie de l'histoire.

Émoticônes

Entoure 😮 quand la personne est triste.
Entoure 😀 quand la personne est joyeuse.

Le chercheur

Trouve les éléments
de gauche dans le décor.

L'artiste

Aide madame Girafe et
retrace les dessins à droite.

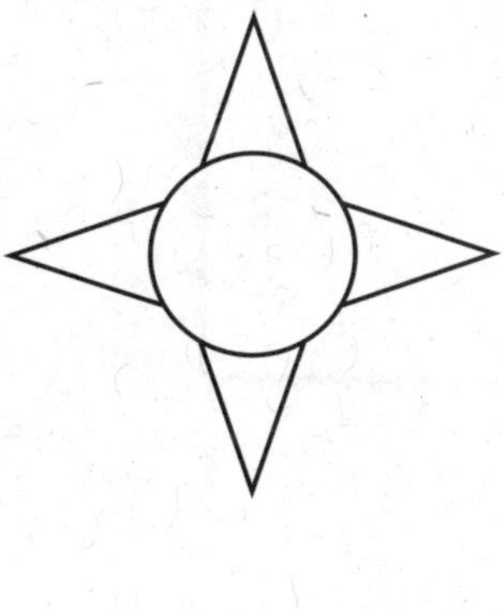

Dans tous les sens

Entoure un des deux objets identiques. Si tu regardes la flèche qui se trouve en dessous, tu trouveras quel objet tu dois entourer.

DROITE

De point en point

Relie chaque point dans l'ordre pour terminer le dessin. Quand tu as terminé, mets de la couleur.

Les jumeaux

Encercle les deux images qui sont identiques.

A

B

C

D

Dessin symétrique

Complète l'image.

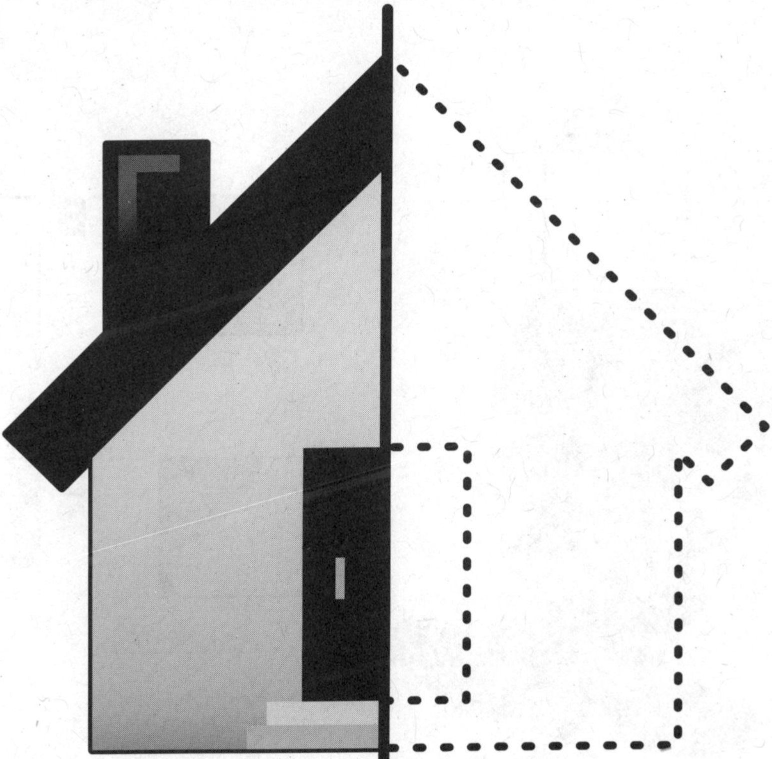

Le casse-tête

Trouve la partie manquante de l'image.

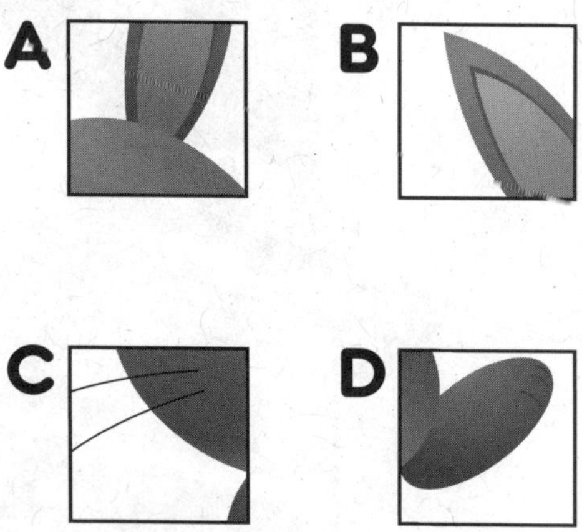

Dessin à colorier

Amuse-toi et mets de la couleur.

Les associations

Associe les objets qui ont un lien entre eux.

Botte

Porte

Ballon

Photo

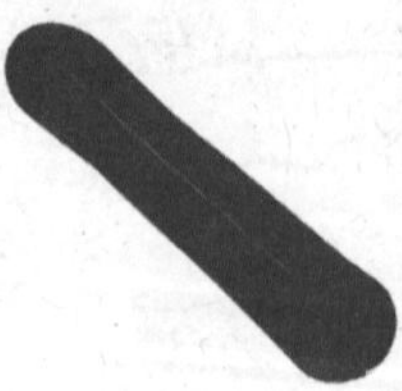

Planche à neige

Panier

Caméra

Clé

Les opposés

Colorie la femme en rose et l'homme en bleu.

Le mouton noir

Entoure dans chaque rangée le plus grand dessin.

L'aventurier

Aide l'écureuil et trace le chemin qui mène jusqu'à la noisette.

Les 4 erreurs

Regarde bien ces deux images. Trouve les quatre différences et entoure-les.

Le labyrinthe

Aide la souris à se rendre jusqu'au fromage.

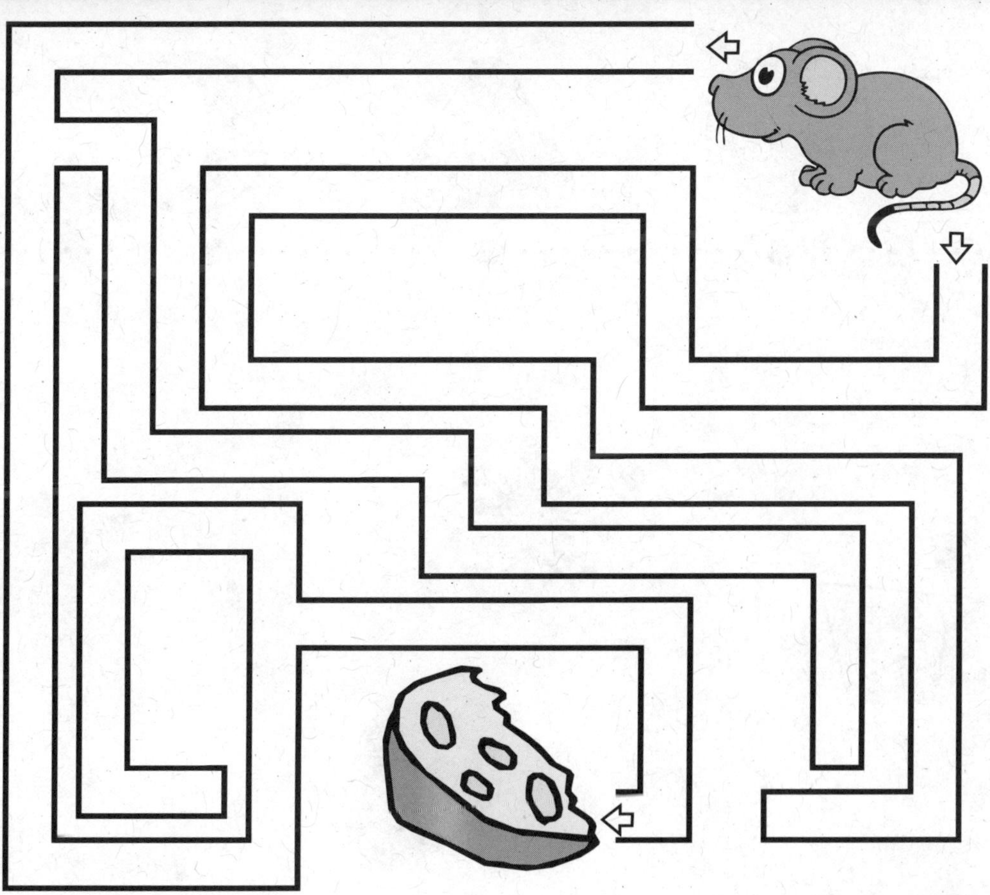

Les formes similaires

Relie chaque objet à la forme qu'il représente.

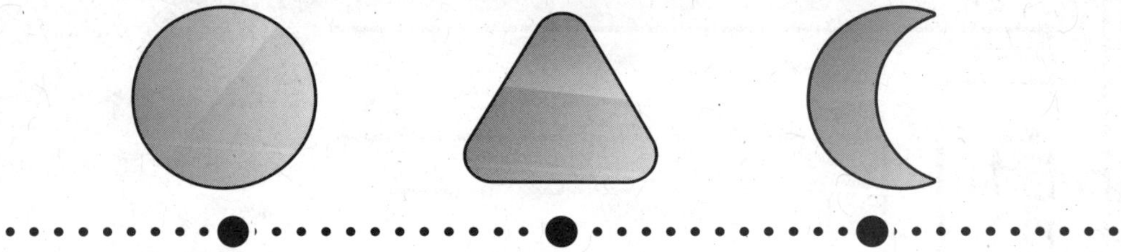

Le mathématicien

Dans chaque rangée, entoure le nombre d'éléments qui correspond au chiffre de gauche.

1 

5 

2 

La suite

Observe bien la suite ci-dessous. Complète la rangée en encerclant le dessin manquant.

L'identique

Associe les dessins qui sont identiques.

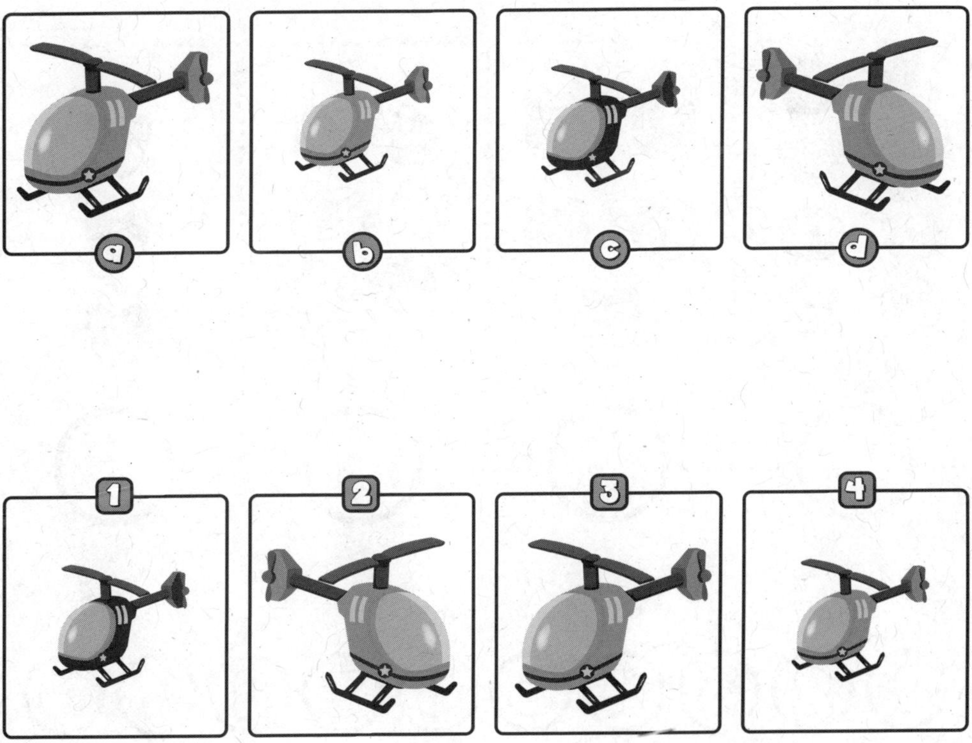

La calculatrice

Écris le nombre d'éléments dans chaque case.

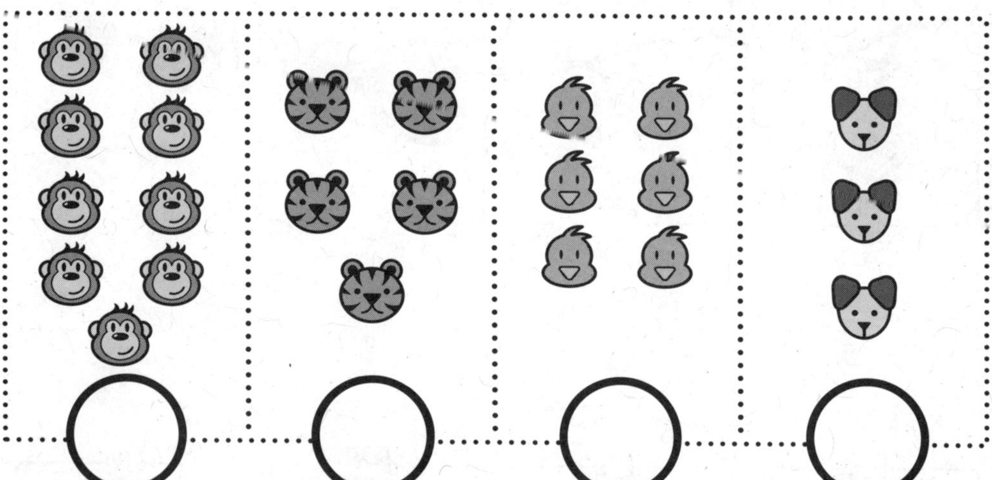

1 2 3 4 5 6 7 8 9 10

Le voyageur

Aide la grenouille à se rendre jusqu'aux mouches. Suis les nénuphars et trace le chemin. Tu peux te déplacer de façon horizontale, verticale ou en diagonale.

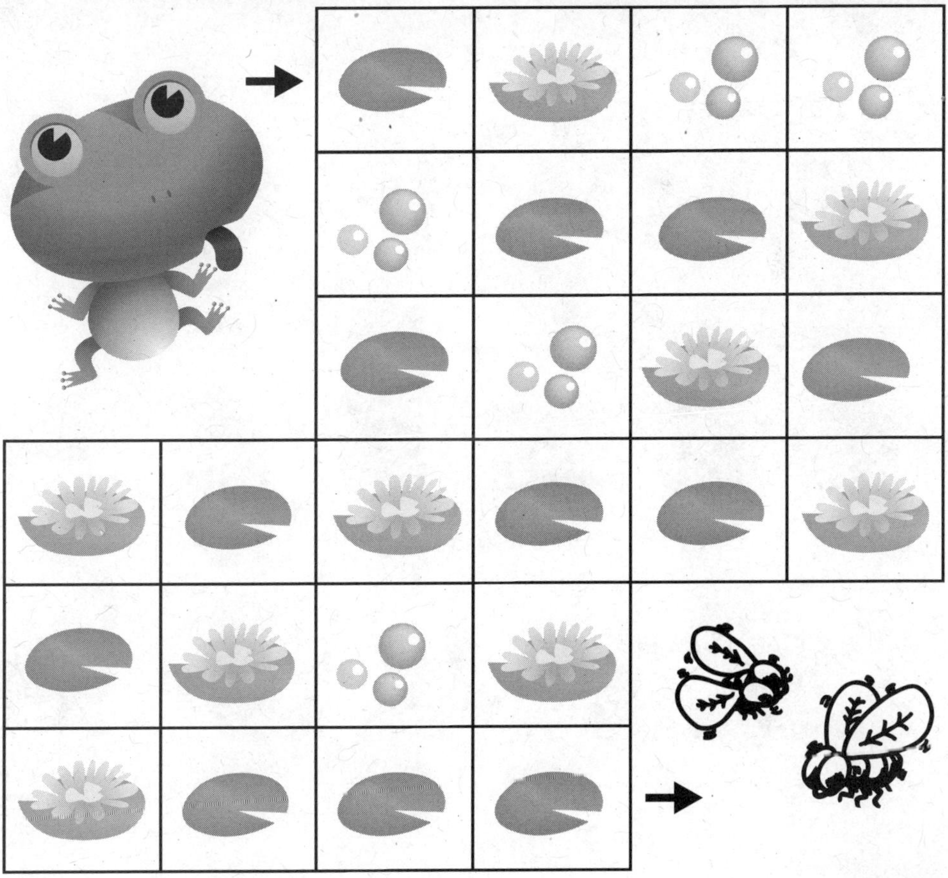

Les doigts de la main

Entoure la main quand il y a 5 éléments dans la même rangée.

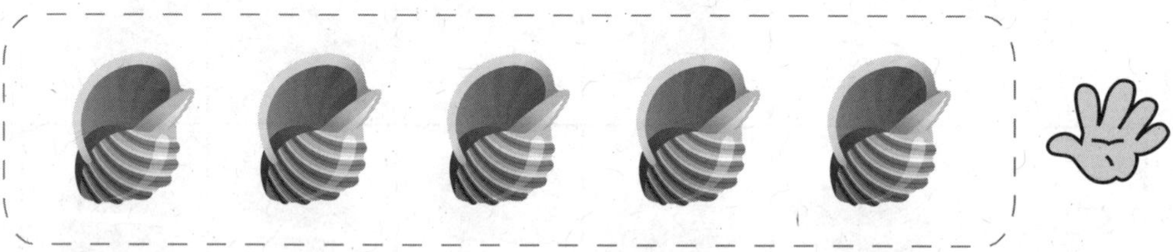

L'écrivain

Passe avec ton crayon sur les pointillés. Exerce-toi ensuite sans pointillés.

y y y

Y Y

z z z

Z Z

Le narrateur

Remets l'histoire dans l'ordre, en coloriant le chiffre qui correspond à chaque partie de l'histoire.

1 2 3

1 2 3

1 2 3

Émoticônes

Entoure 😮 quand la personne est triste.
Entoure 😃 quand la personne est joyeuse.

Le chercheur

Trouve les éléments de gauche dans le décor.

Jour 286

L'artiste

Aide madame Girafe et retrace les lettres à droite.

A

B

Dans tous les sens

Entoure un des deux objets identiques. Si tu regardes la flèche qui se trouve en dessous, tu trouveras quel objet tu dois entourer.

EN HAUT

De point en point

Relie chaque point dans l'ordre pour terminer le dessin. Quand tu as terminé, mets de la couleur.

Les jumeaux

Encercle les deux images qui sont identiques.

A

B

C

D

Dessin symétrique

Complète l'image.

Le casse-tête

Trouve la partie manquante de l'image.

A 

B 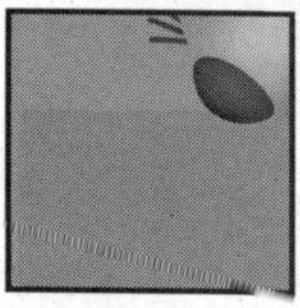

C 

D 

Dessin à colorier

Amuse-toi et mets de la couleur.

Les associations

Associez les objets qui ont un lien entre eux.

Ciseaux

Pirate

Clavier

Génie

Trésor

Peigne

Lampe magique

Souris d'ordinateur

Les opposés

Colorie le ou les personnages qui sont silencieux en bleu et le ou les personnages bruyants en orange.

Le mouton noir

Entoure dans chaque rangée le plus grand dessin.

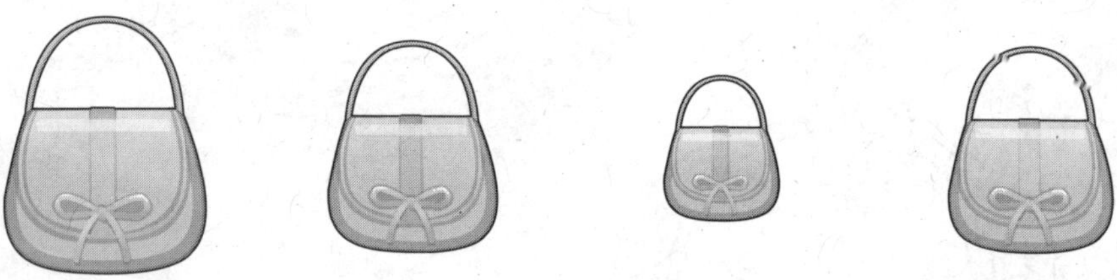

L'aventurier

Aide la poule et trace le chemin qui mène jusqu'à son petit.

Les 4 erreurs

Regarde bien ces deux images. Trouve les quatre différences et entoure-les.

Le labyrinthe

Aide le voyageur à se rendre jusqu'à l'avion. Il doit prendre un taxi pour se rendre !

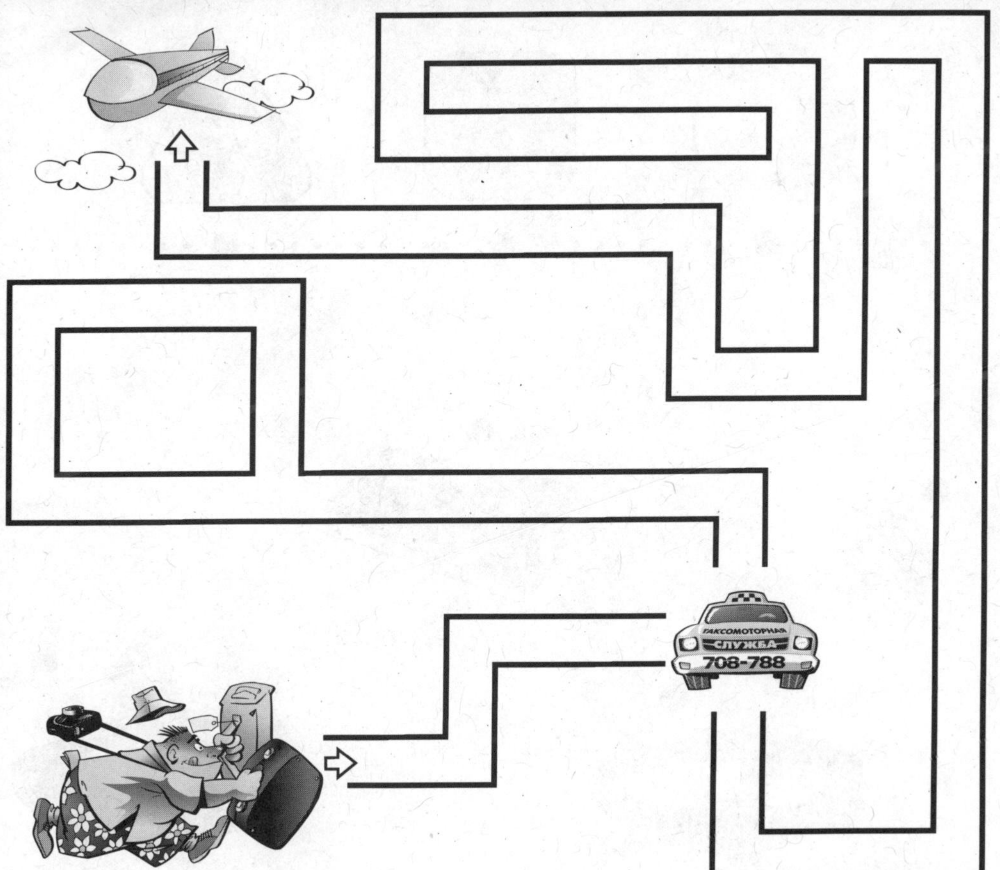

Les formes similaires

Relie chaque objet à la forme qu'il représente.

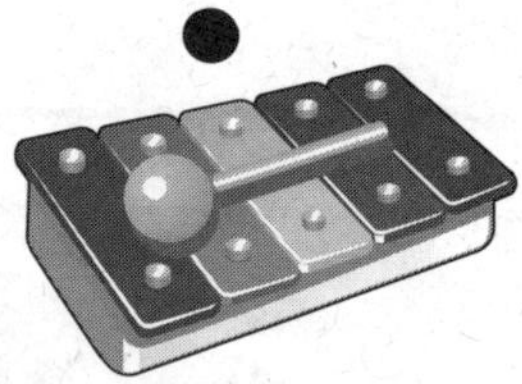

Le mathématicien

Dans chaque rangée, entoure le nombre d'éléments qui correspond au chiffre de gauche.

3 

4 

2 

La suite

Observe bien la suite ci-dessous. Complète la rangée en encerclant le dessin manquant.

L'identique

Associe les dessins qui sont identiques.

a

b

c

d

1

2

3

4

La calculatrice

Écris le nombre d'éléments dans chaque case.

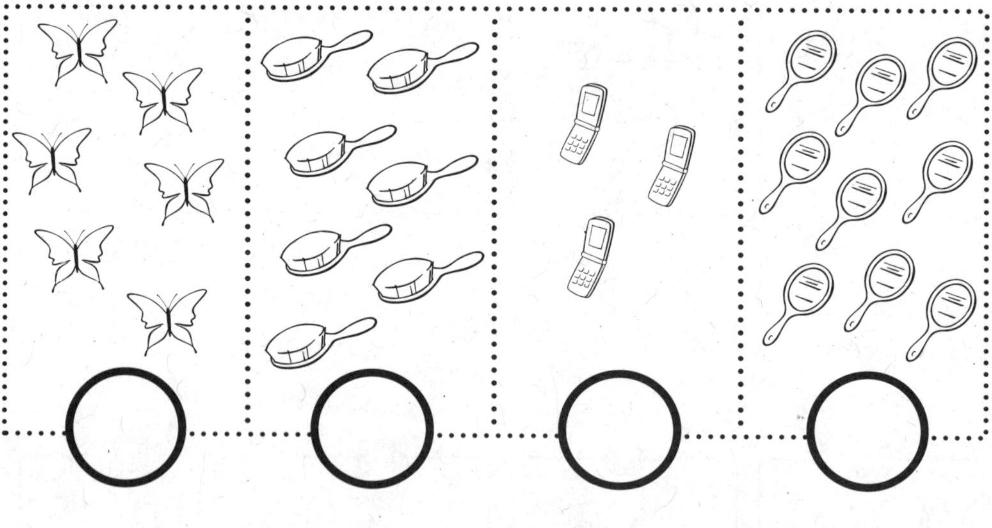

1 2 3 4 5 6 7 8 9 10

Le voyageur

Aide le ver de terre à rejoindre son ami. Suis les champignons et trace le chemin. Tu peux te déplacer de façon horizontale, verticale ou en diagonale.

Les doigts de la main

Entoure la main quand il y a
5 éléments dans la même rangée.

Dessin à colorier

Amuse-toi et mets de la couleur.

De point en point

Relie chaque point dans l'ordre pour terminer le dessin. Quand tu as terminé, mets de la couleur.

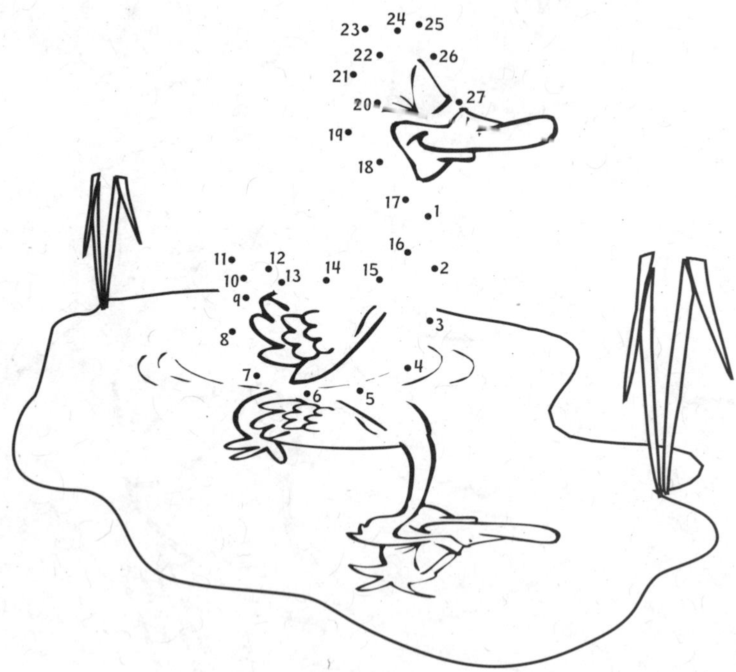

Émoticônes

Entoure 😮 quand la personne est triste.
Entoure 😃 quand la personne est joyeuse.

Le chercheur

Trouve les éléments
de gauche dans le décor.

L'artiste

Aide madame Girafe et retrace le dessin à droite.

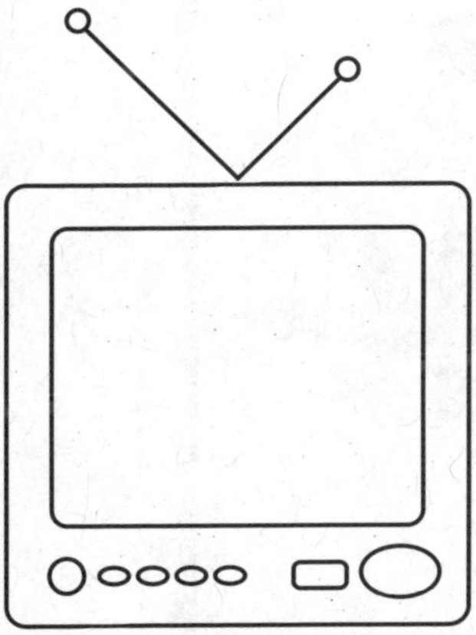

Dans tous les sens

Entoure un des deux objets identiques. Si tu regardes la flèche qui se trouve en dessous, tu trouveras quel objet tu dois entourer.

DROITE

De point en point

Relie chaque point dans l'ordre pour terminer le dessin. Quand tu as terminé, mets de la couleur.

Les jumeaux

Encercle les deux images qui sont identiques.

A

B

C

D

Dessin symétrique

Complète l'image.

Le casse-tête

Trouve la partie
manquante de l'image.

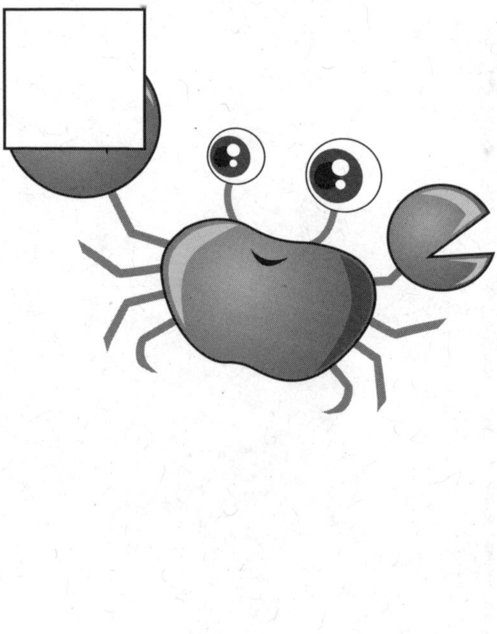

A

B

C

D

Dessin à colorier

Amuse-toi et mets de la couleur.

Les associations

Associe les objets qui ont un lien entre eux.

Brosse

Singe

Palmes

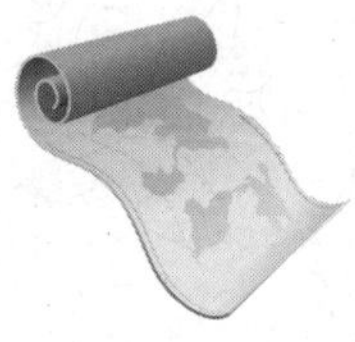

Carte géographique

Masque et tuba

Bananes

Séchoir

Boussole

Les opposés

Colorie l'animal qui vole en brun et l'animal qui rampe en vert.

Le mouton noir

Entoure dans chaque rangée le plus grand dessin.

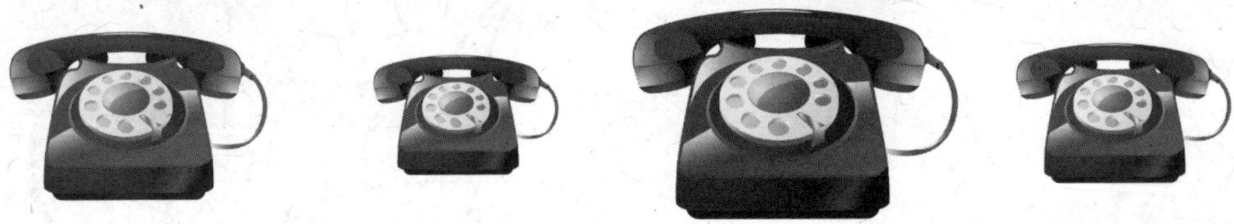

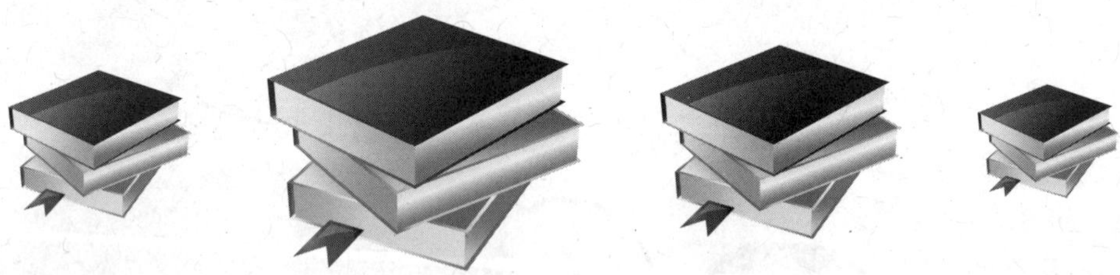

L'aventurier

Aide le panda et trace le chemin qui mène jusqu'à son ami.

Les 4 erreurs

Regarde bien ces deux images.
Trouve les quatre différences
et entoure-les.

Le labyrinthe

Aide le bébé à ramasser ses jouets et à les mettre dans la boîte de jouets.

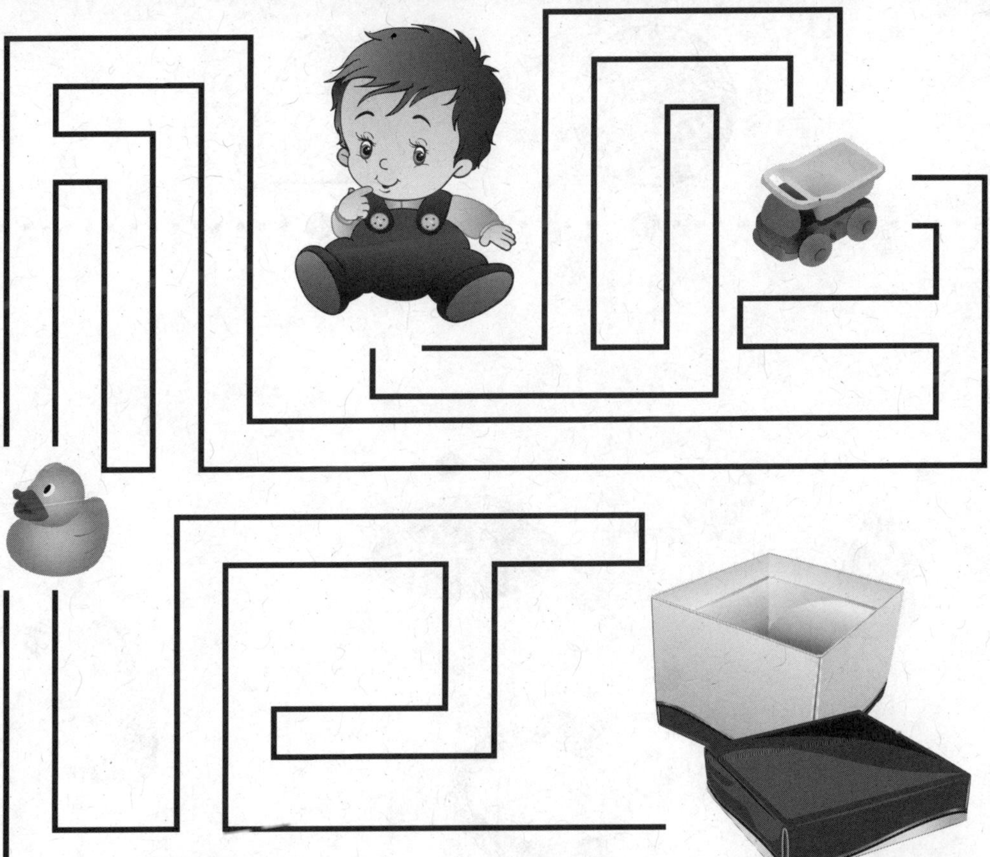

Les formes similaires

Relie chaque objet à la forme qu'il représente.

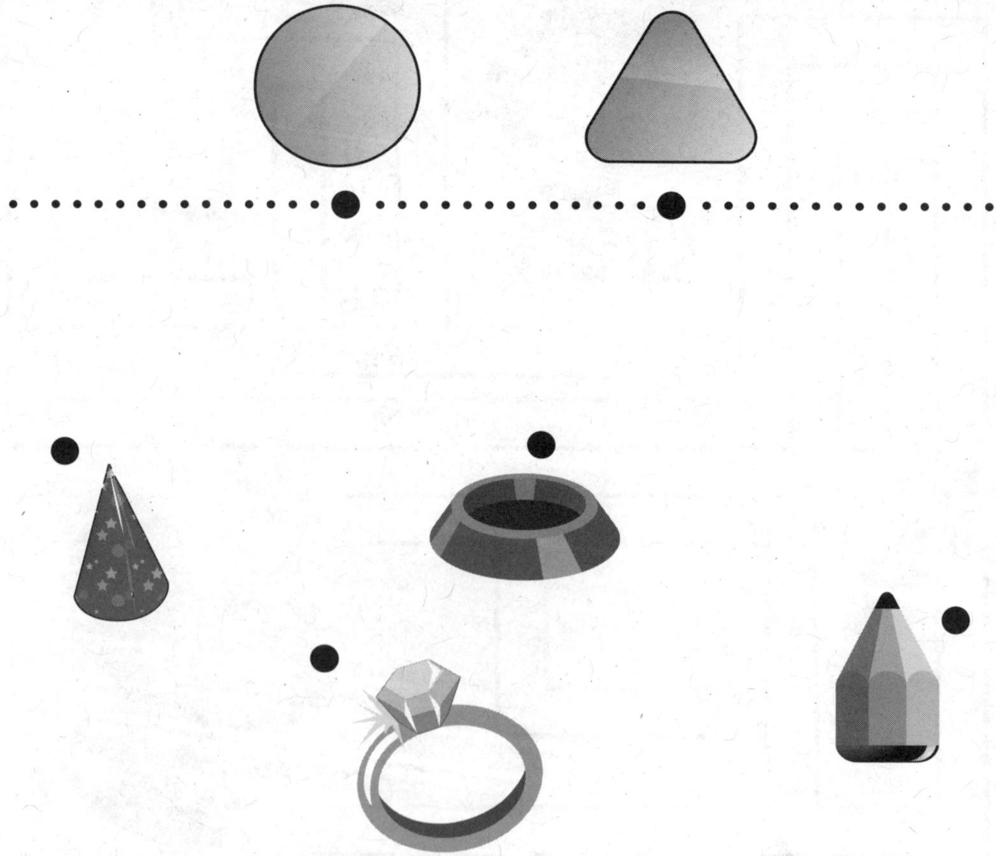

Le mathématicien

Dans chaque rangée, entoure le nombre d'éléments qui correspond au chiffre de gauche.

1 

5 

3 

La suite

Observe bien la suite ci-dessous. Complète la rangée en encerclant le dessin manquant.

L'identique

Associe les dessins qui sont identiques.

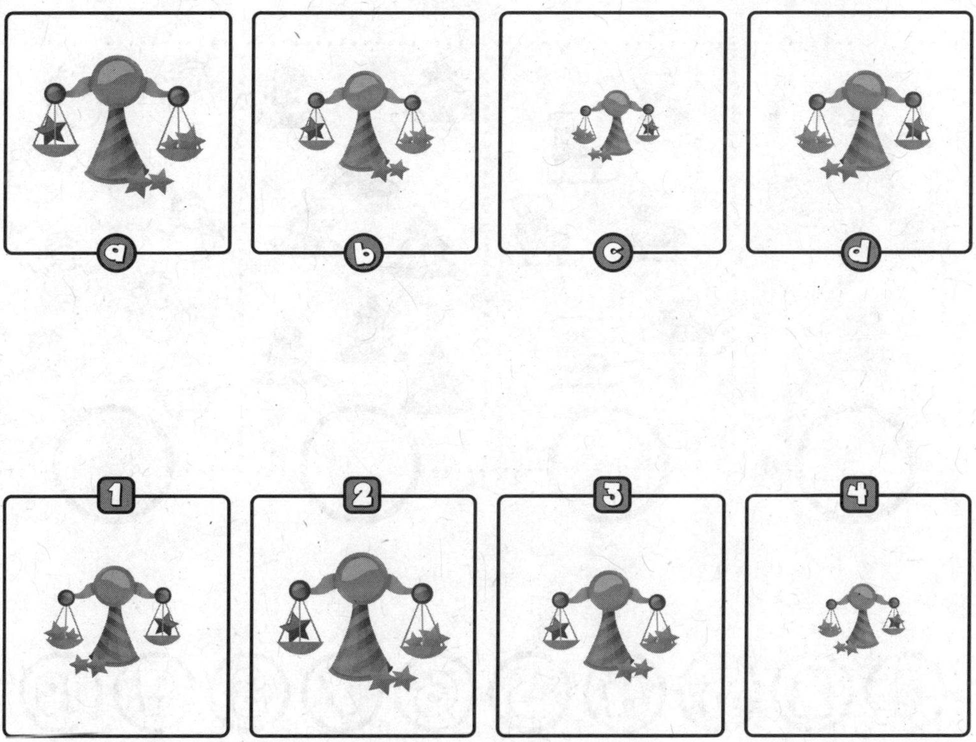

La calculatrice

Écris le nombre d'éléments dans chaque case.

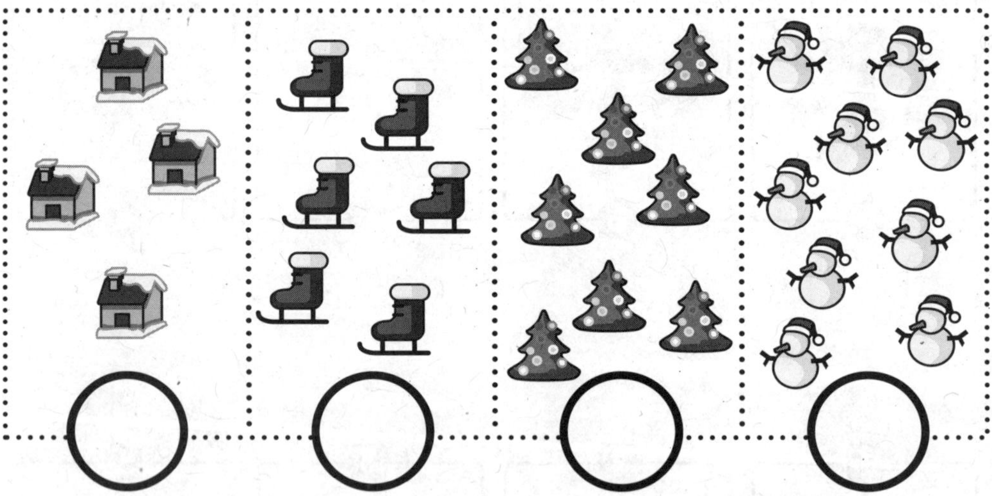

1 2 3 4 5 6 7 8 9 10

Le voyageur

Aide le pompier à éteindre le feu. Suis les gouttes d'eau et trace le chemin. Tu peux te déplacer de façon horizontale, verticale ou en diagonale.

Les doigts de la main

Entoure la main quand il y a 5 éléments dans la même rangée.

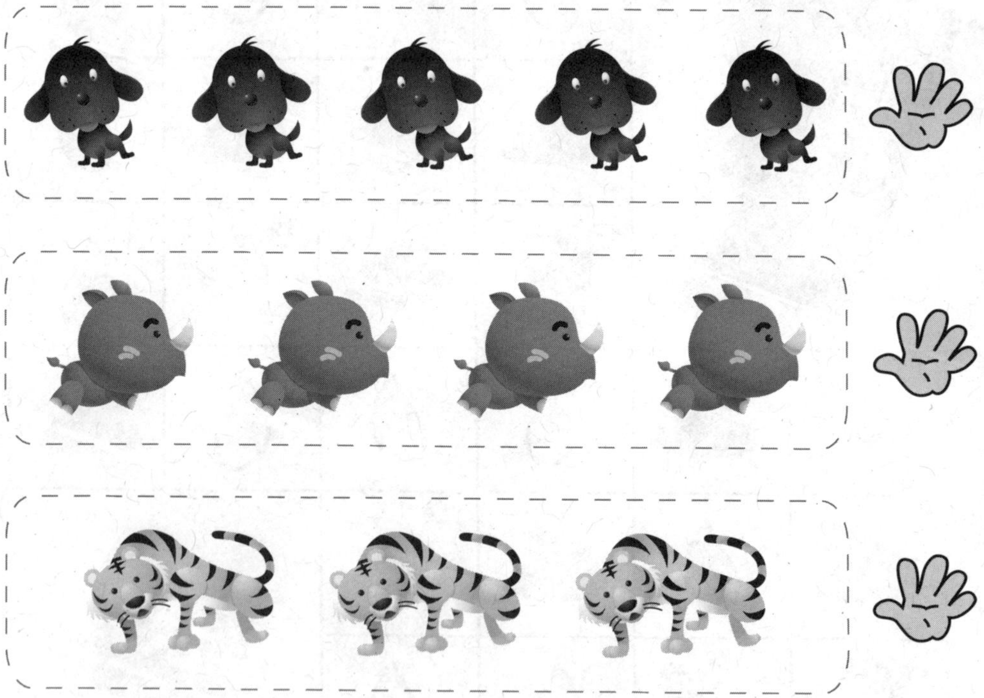

Dessin à colorier

Amuse-toi et mets de la couleur.

De point en point

Relie chaque point dans l'ordre pour terminer le dessin. Quand tu as terminé, mets de la couleur.

Émoticônes

Entoure (visage triste) quand la personne est triste.
Entoure (visage joyeux) quand la personne est joyeuse.

Le chercheur

Trouve les éléments de gauche dans le décor.

L'artiste

Aide madame Girafe et
retrace le dessin à droite.

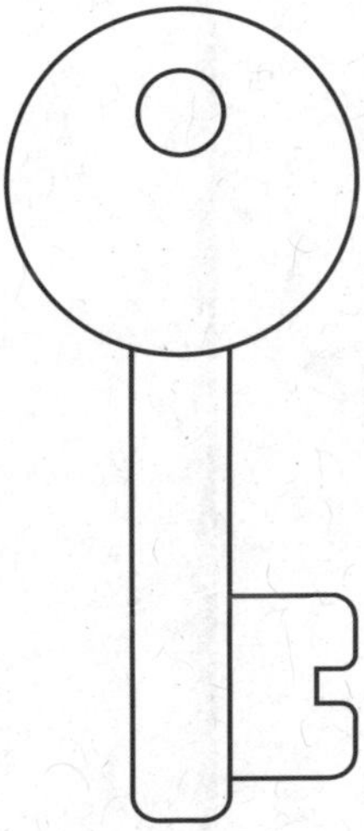

Dans tous les sens

Entoure un des deux objets identiques. Si tu regardes la flèche qui se trouve en dessous, tu trouveras quel objet tu dois entourer.

GAUCHE

De point en point

Relie chaque point dans l'ordre pour terminer le dessin. Quand tu as terminé, mets de la couleur.

Les jumeaux

Encercle les deux images qui sont identiques.

A

B

C

D

Dessin symétrique

Complète l'image.

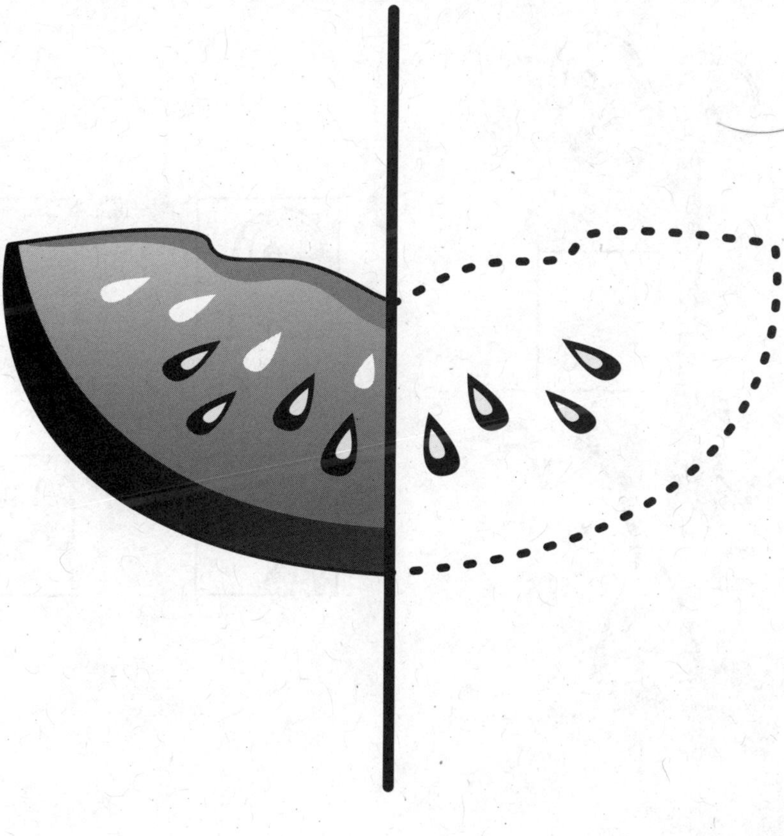

Le casse-tête

Trouve la partie manquante de l'image.

A

B

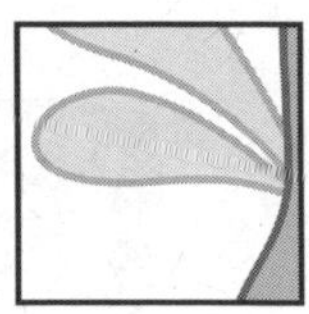

C

D

Dessin à colorier

Amuse-toi et mets de la couleur.

Les associations

Associe les objets qui ont un lien entre eux.

Mortier

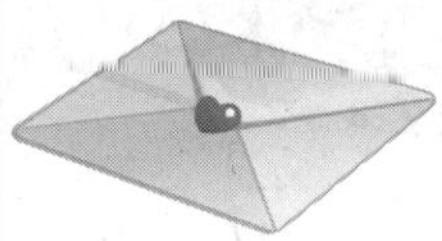

Lettre

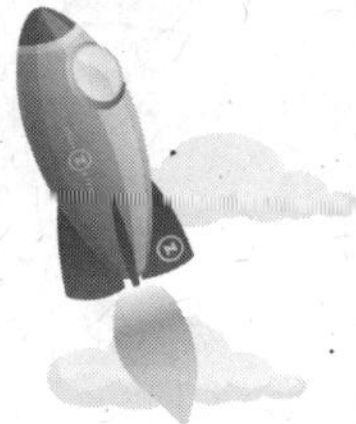

Fusée

Panier

Planète

Diplôme

Sac d'épicerie

Boîte aux lettres

Les opposés

Colorie le lion en rouge et le lionceau en jaune.

Le mouton noir

Entoure dans chaque rangée le plus grand dessin.

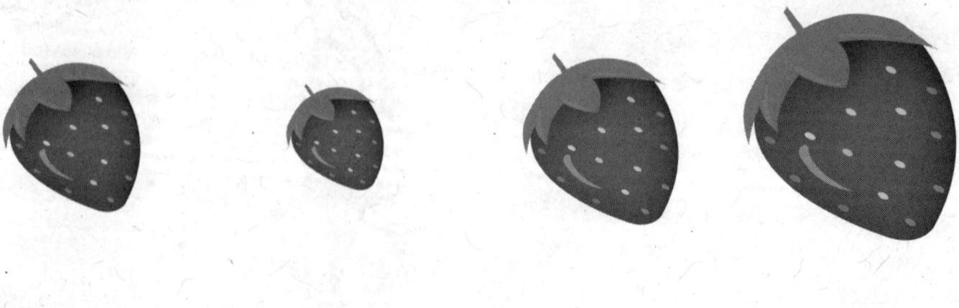

L'aventurier

Aide le requin et trace le chemin qui mène jusqu'au poisson.

Les 4 erreurs

Regarde bien ces deux images.
Trouve les quatre différences
et entoure-les.

Le labyrinthe

Aide le singe à se rendre jusqu'aux bananes.

Les formes similaires

Relie chaque objet à la forme qu'il représente.

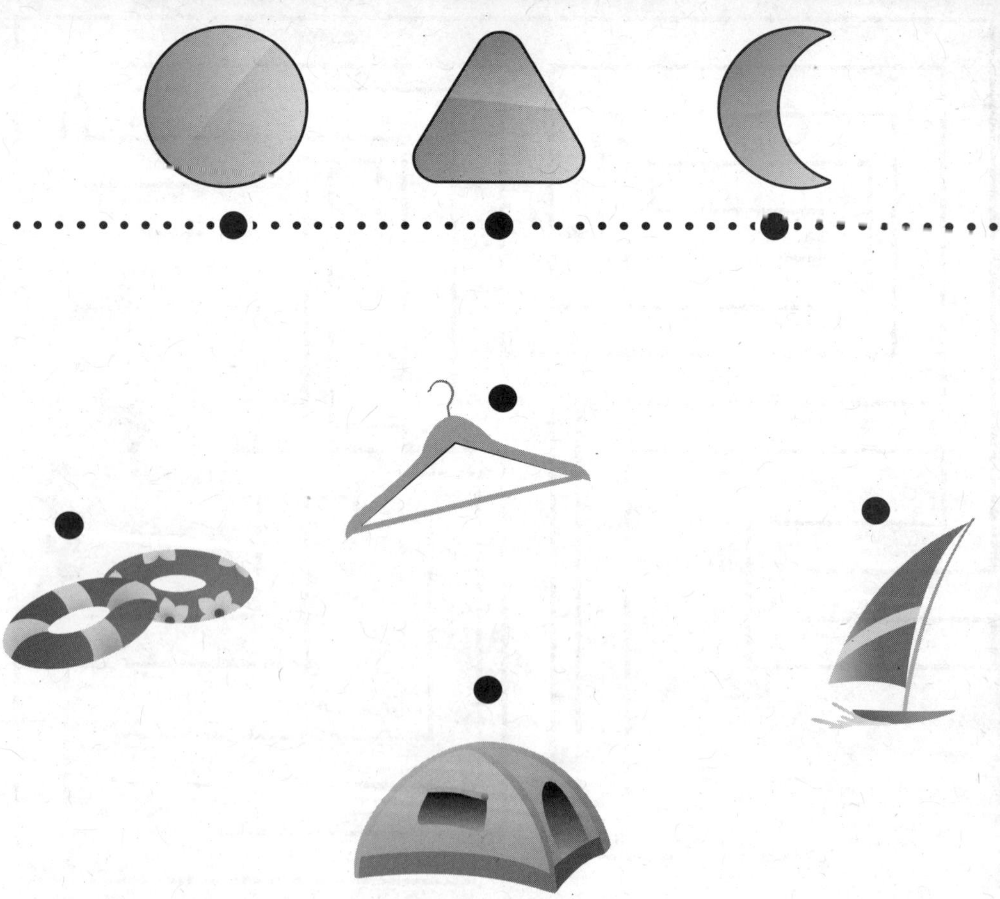

Le mathématicien

Dans chaque rangée, entoure le nombre d'éléments qui correspond au chiffre de gauche.

3 

4 

5 

La suite

Observe bien la suite ci-dessous.
Complète la rangée en encerclant
le dessin manquant.

L'identique

Associe les dessins qui sont identiques.

a

b

c

d

1

2

3

4

La calculatrice

Écris le nombre d'éléments dans chaque case.

1 2 3 4 5 6 7 8 9 10

Le voyageur

Aide le chef cuisinier à compléter sa recette. Suis les carottes et trace le chemin. Tu peux te déplacer de façon horizontale, verticale ou en diagonale.

Les doigts de la main

Entoure la main quand il y a 5 éléments dans la même rangée.

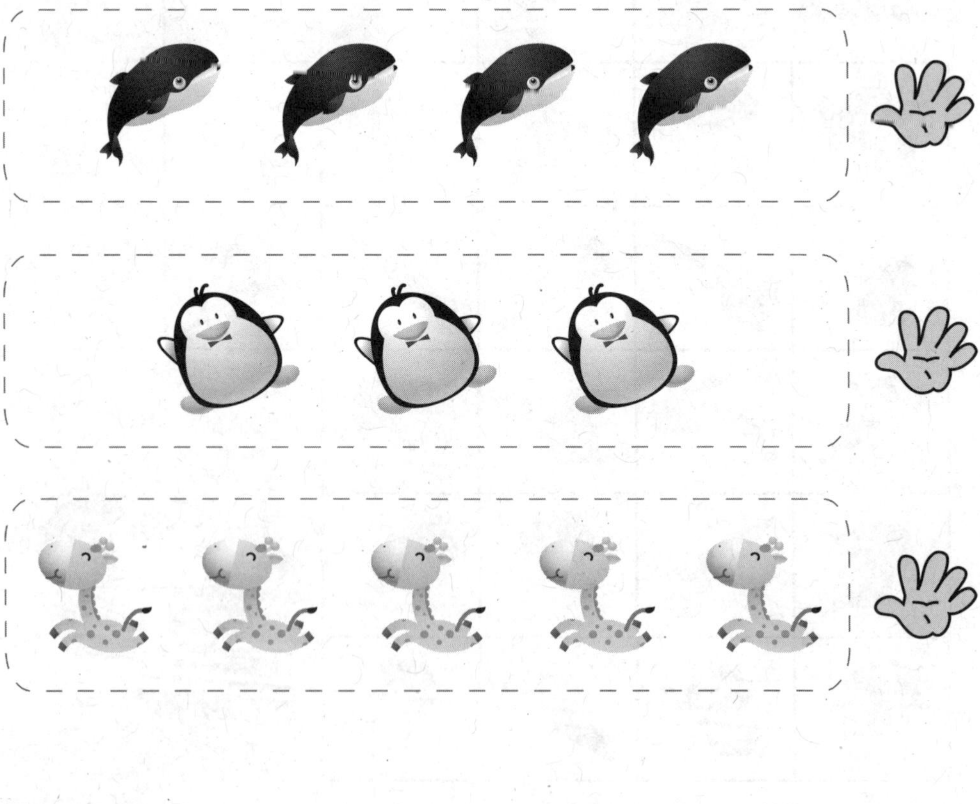

Dessin à colorier

Amuse-toi et mets de la couleur.

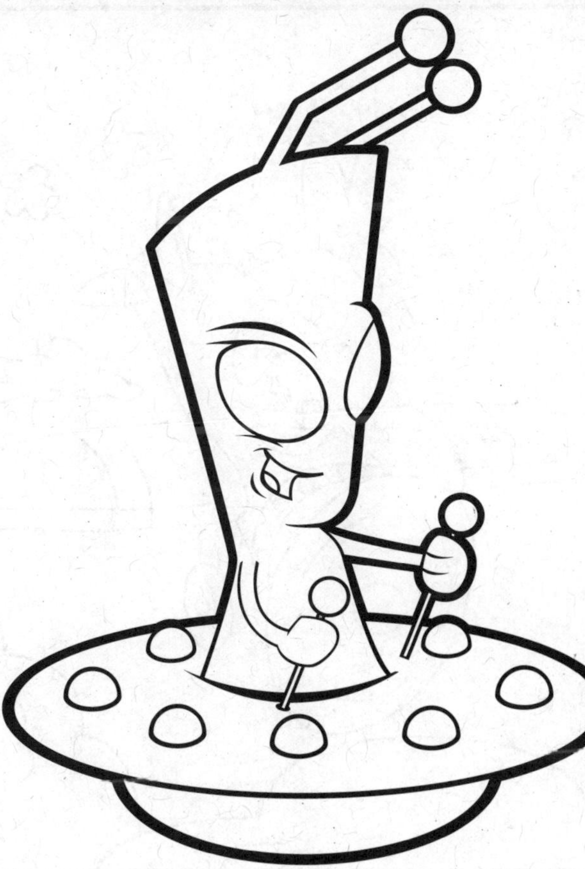

De point en point

Relie chaque point dans l'ordre pour terminer le dessin. Quand tu as terminé, mets de la couleur.

Émoticônes

Entoure quand la personne est triste.
Entoure quand la personne est joyeuse.

Le chercheur

Trouve les éléments
de gauche dans le décor.

Jour 358

L'artiste

Aide madame Girafe et retrace le dessin à droite.

Dans tous les sens

Entoure un des deux objets identiques. Si tu regardes la flèche qui se trouve en dessous, tu trouveras quel objet tu dois entourer.

EN HAUT

De point en point

Relie chaque point dans l'ordre pour terminer le dessin. Quand tu as terminé, mets de la couleur.

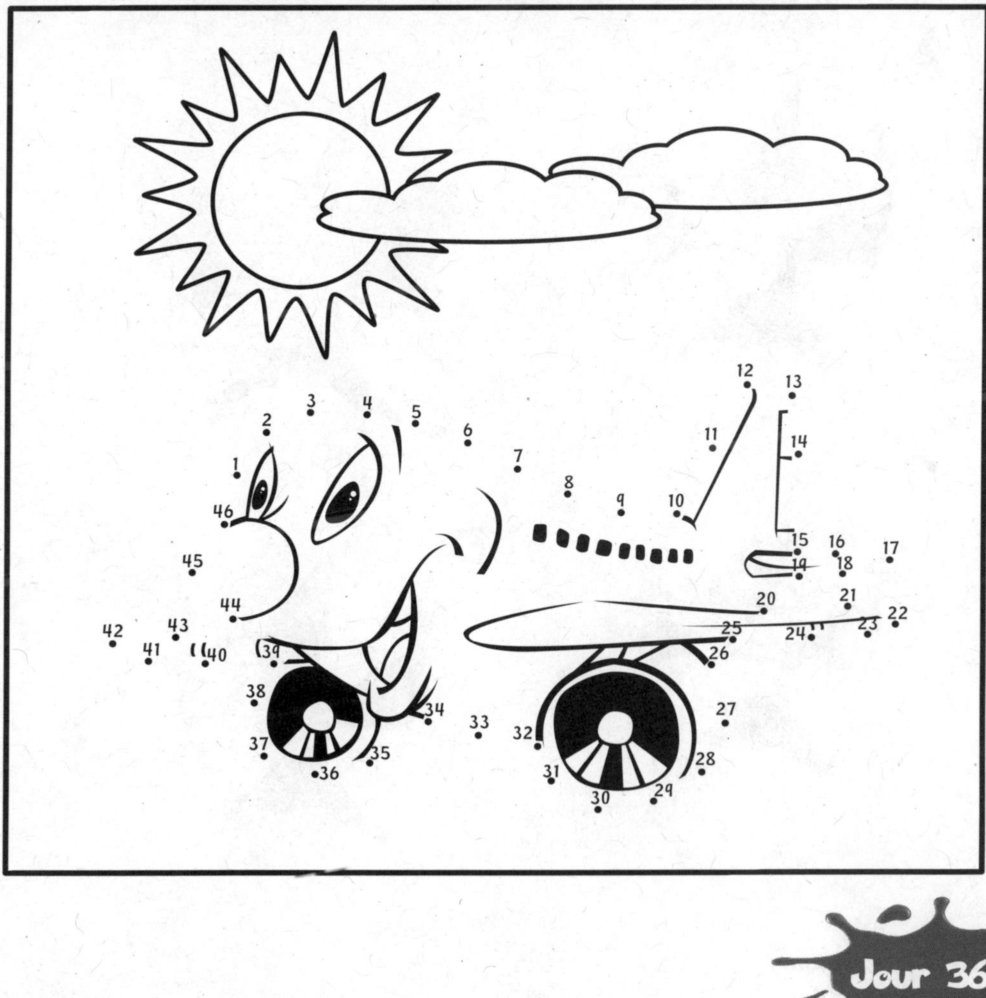

Les jumeaux

Encercle les deux images qui sont identiques.

A

B

C

D

Dessin symétrique

Complète l'image.

Le casse-tête

Trouve la partie manquante de l'image.

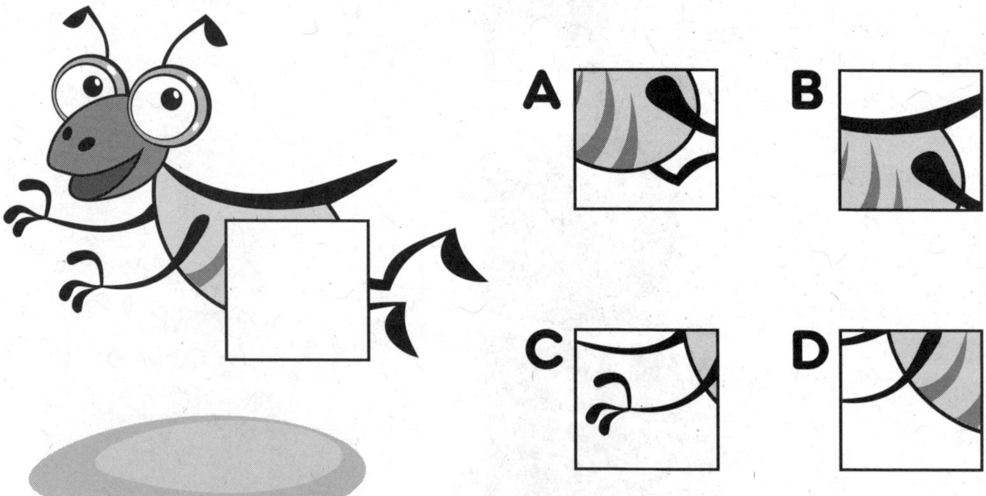

Dessin à colorier

Amuse-toi et mets de la couleur.

Jour 365

Dessin libre

Dessine ce que tu veux.

Solutions

Solutions

Jour 2

A et B

Jour 3

Jour 4

A

Jour 6

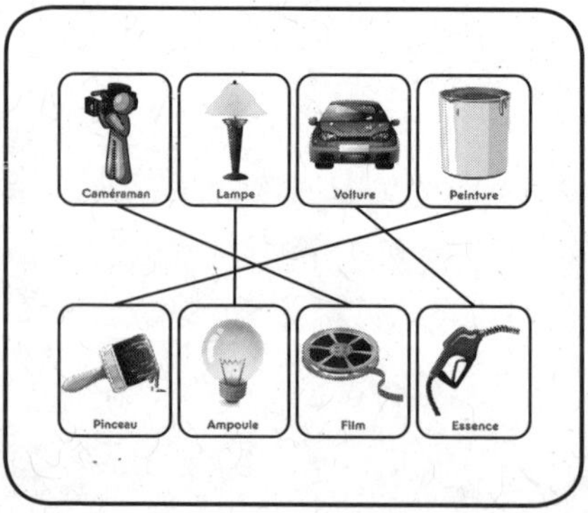

Jour 7

Jour 8

Jour 10

Jour 11

Jour 12

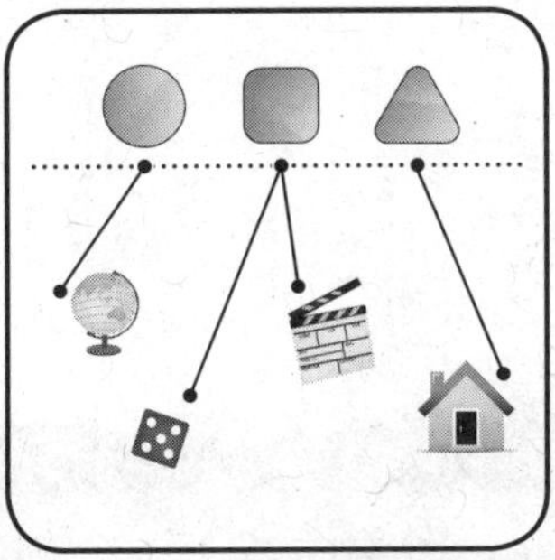

Jour 13

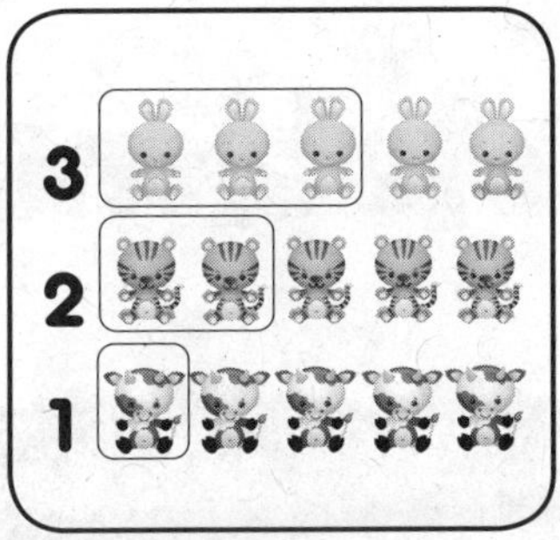

Jour 14

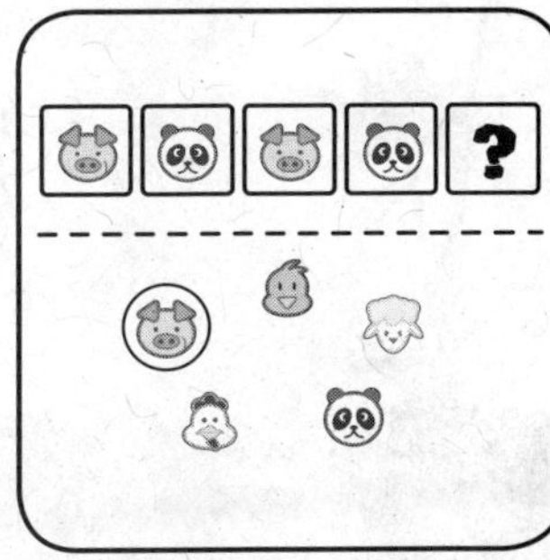

Jour 15

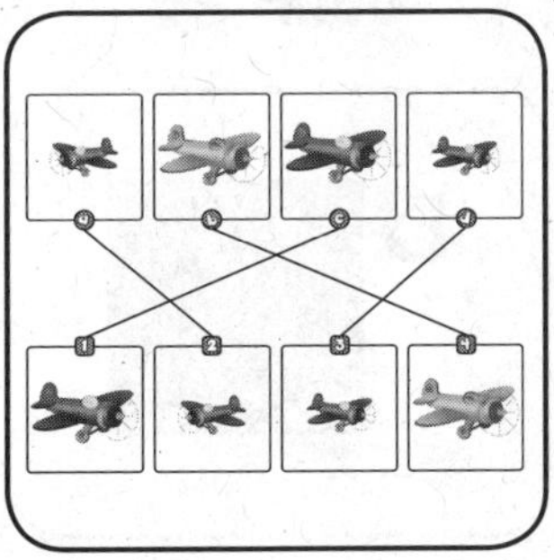

Jour 16

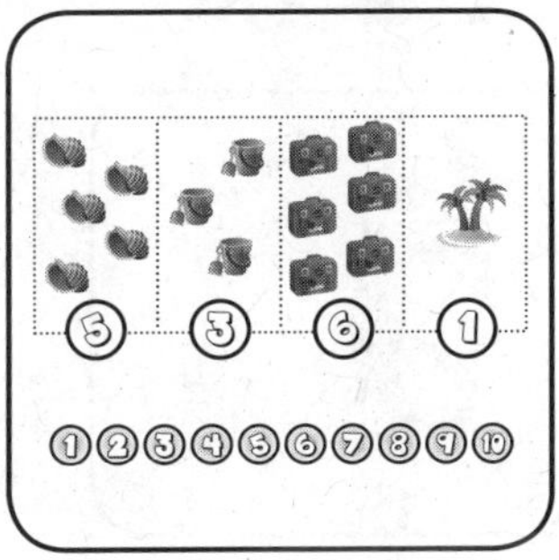

Jour 17

Jour 18

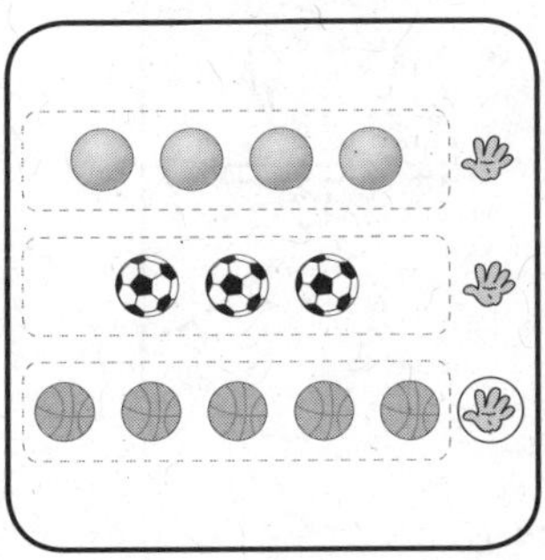

Jour 20

Jour 21

Jour 22

Jour 24

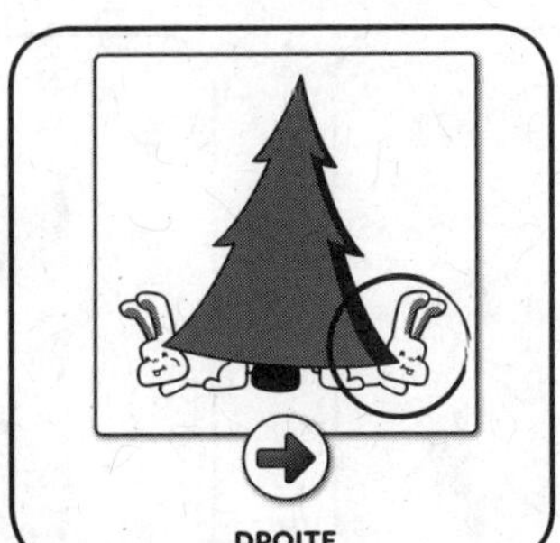

Solutions

Jour 26

B et C

Jour 27

Jour 28

D

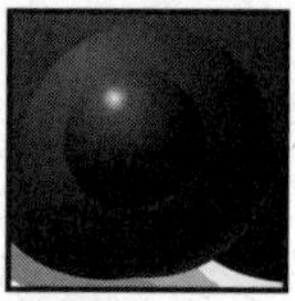

Jour 30

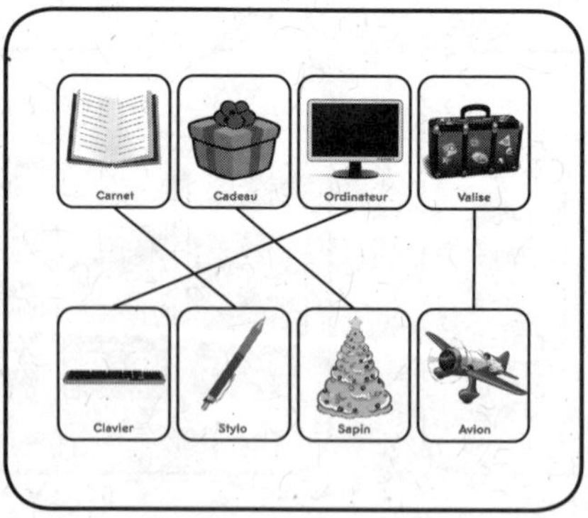

Jour 31

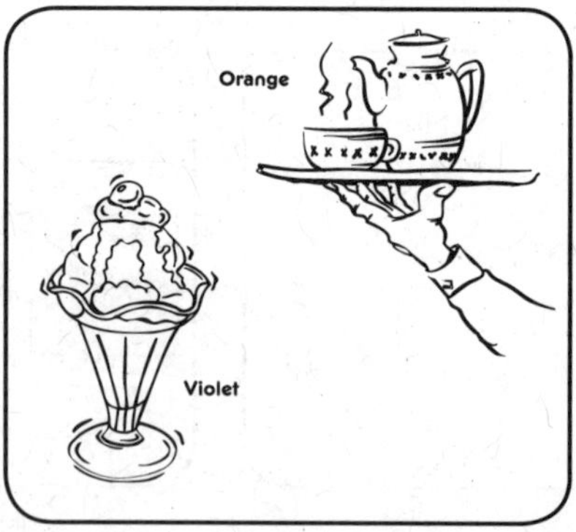

Jour 32

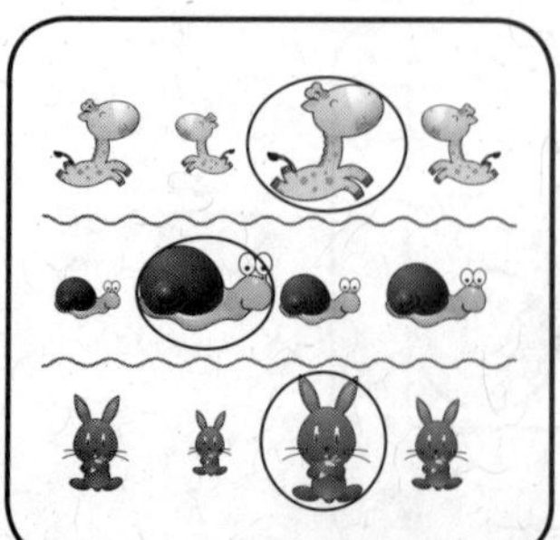

Jour 34

Jour 35

Jour 36

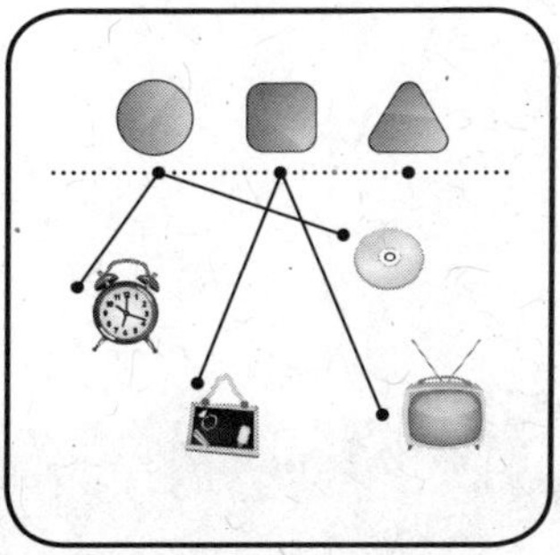

Jour 37

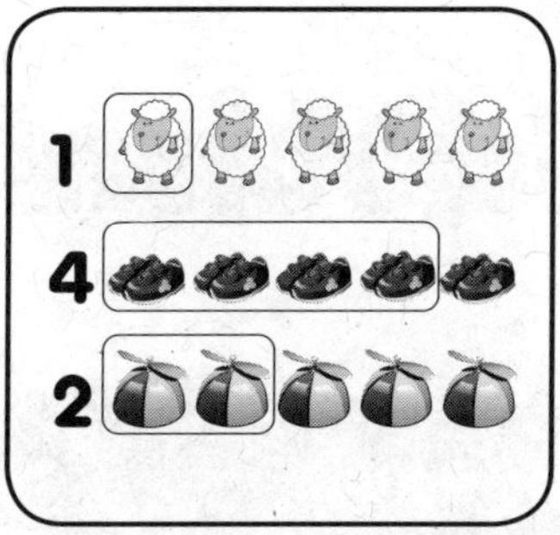

Jour 38

Jour 39

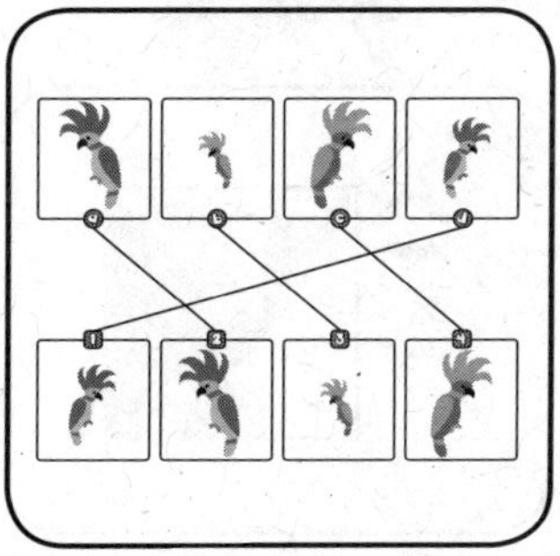

Jour 40

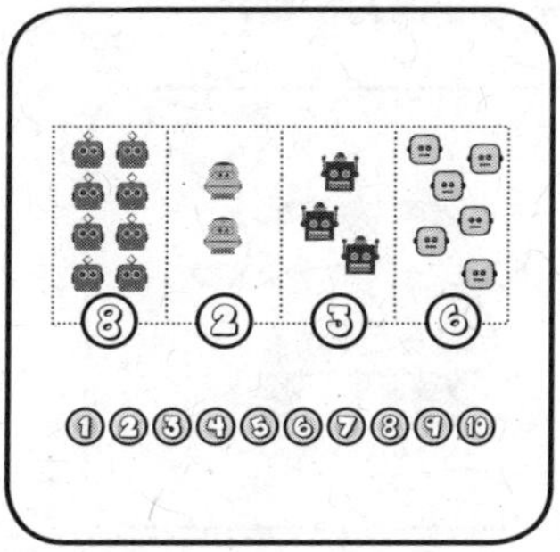

Jour 41

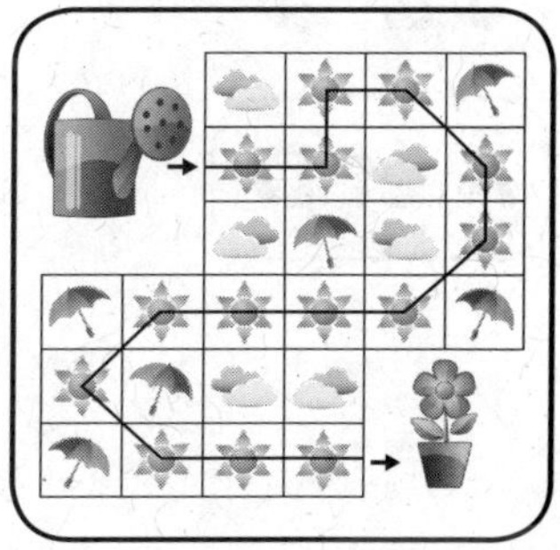

Jour 42

Jour 44

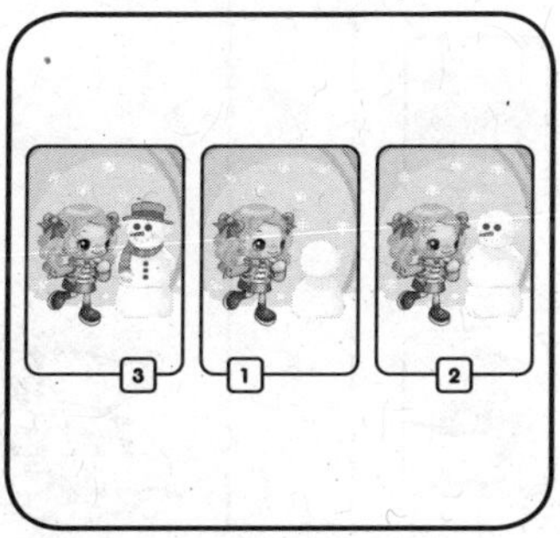

Jour 45

Jour 46

Jour 48

Solutions

Jour 50

A et D

Jour 51

Jour 52

C

Jour 54

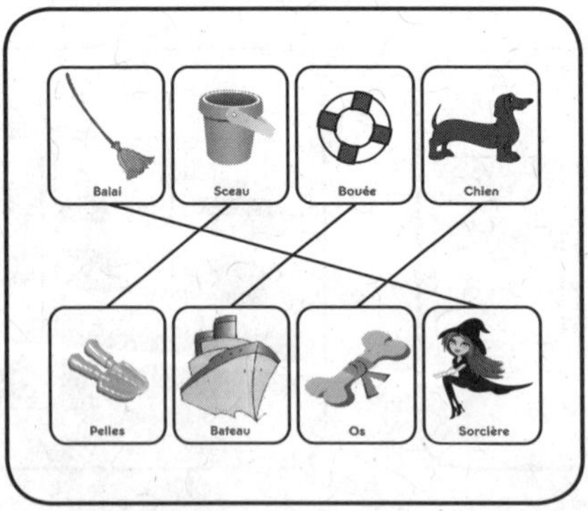

Jour 55

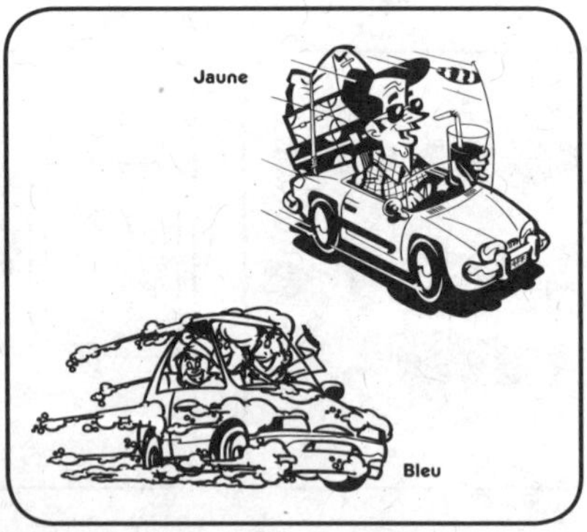

Jour 56

Jour 58

Jour 59

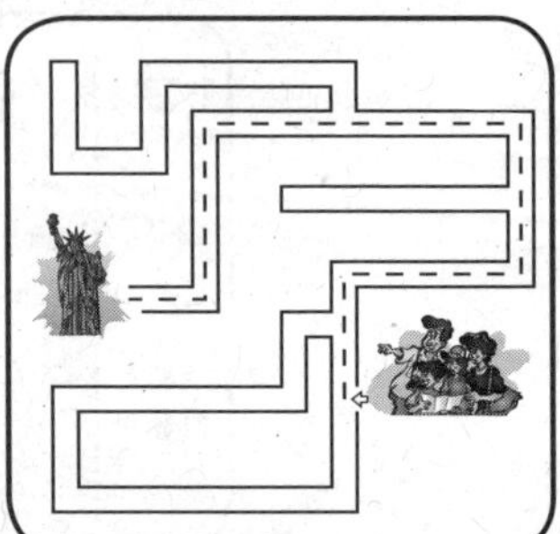

Jour 60

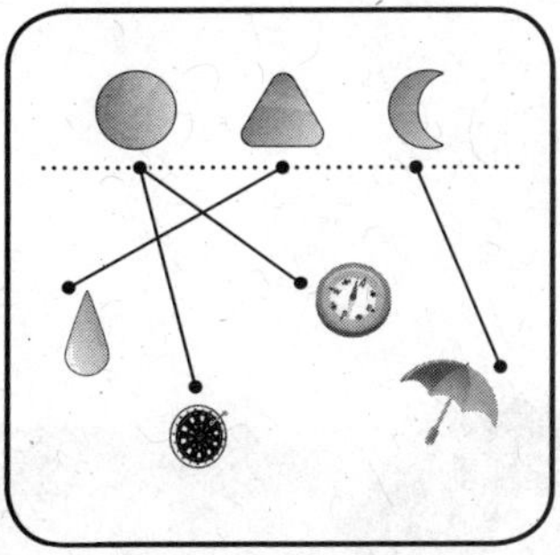

Jour 61

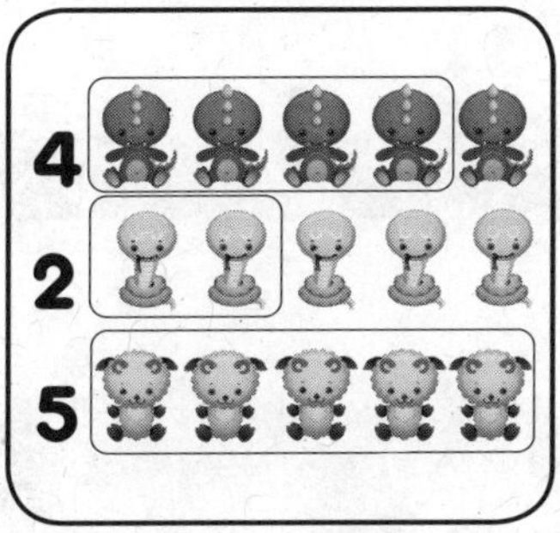

Jour 62

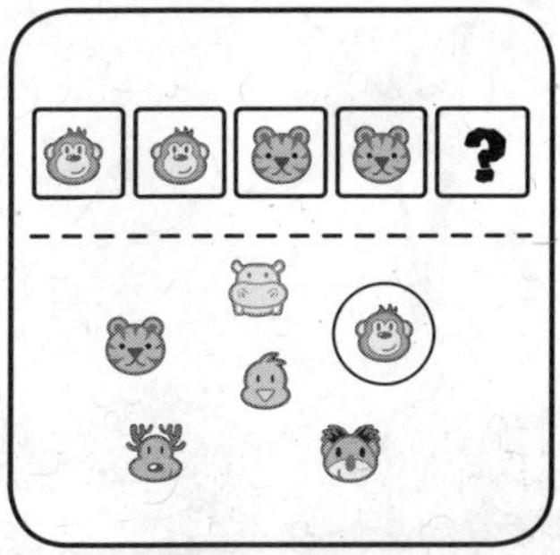

Jour 63

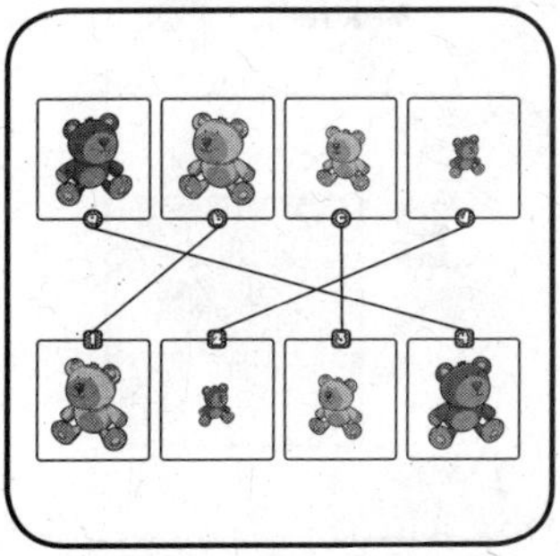

Jour 64

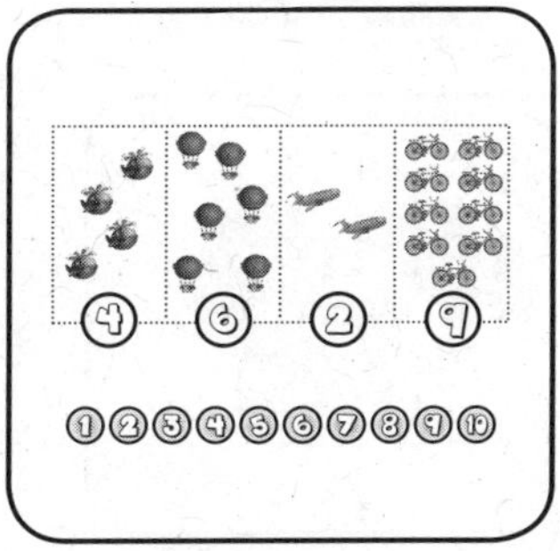

Jour 65

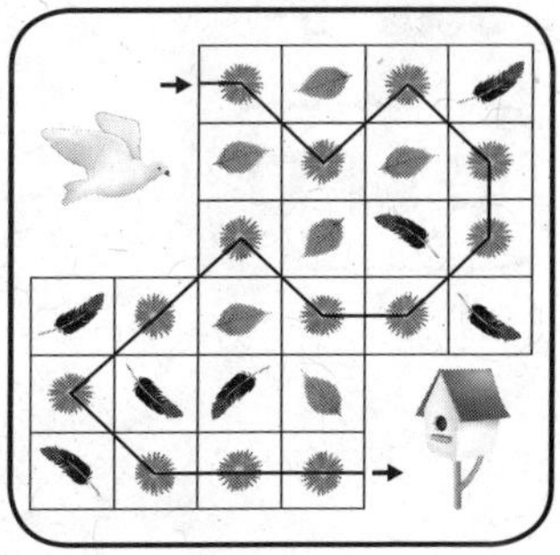

Jour 66

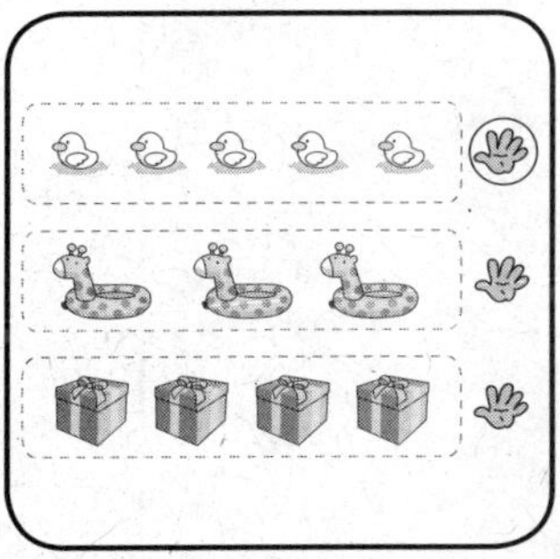

Jour 68

Jour 69

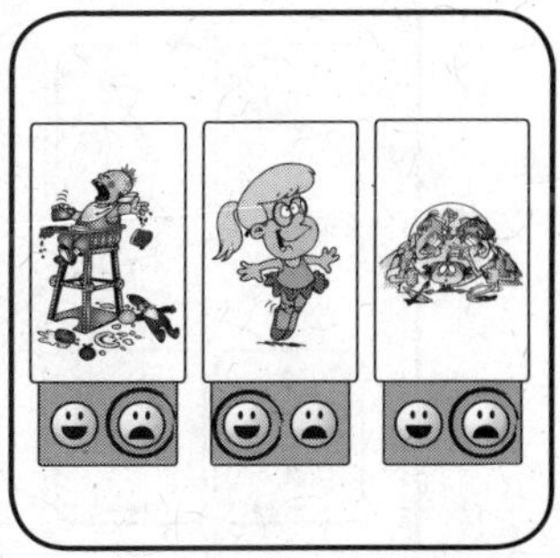

Jour 70

Jour 72

Solutions

Jour 74

C et D

Jour 75

Jour 76

B

Jour 78

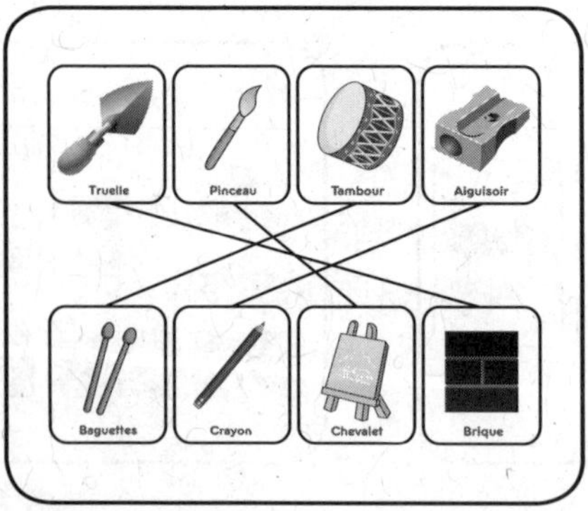

Jour 79

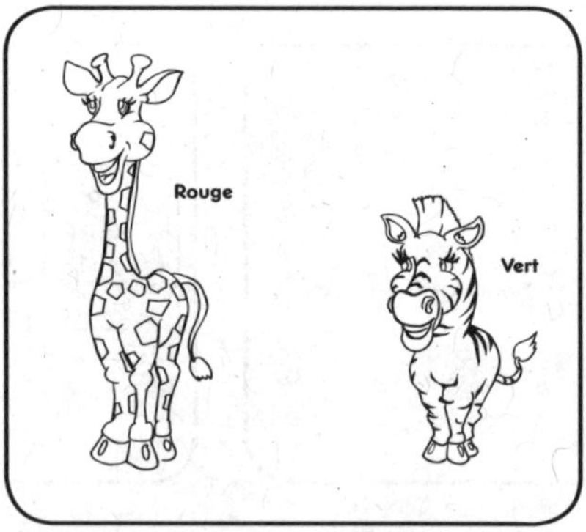

Jour 80

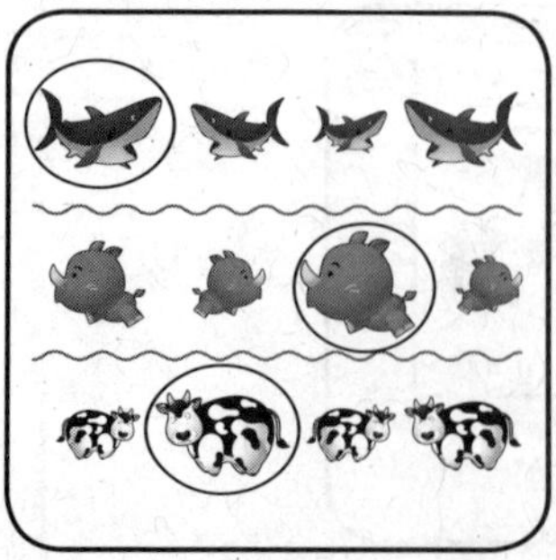

Jour 82

Jour 83

Jour 84

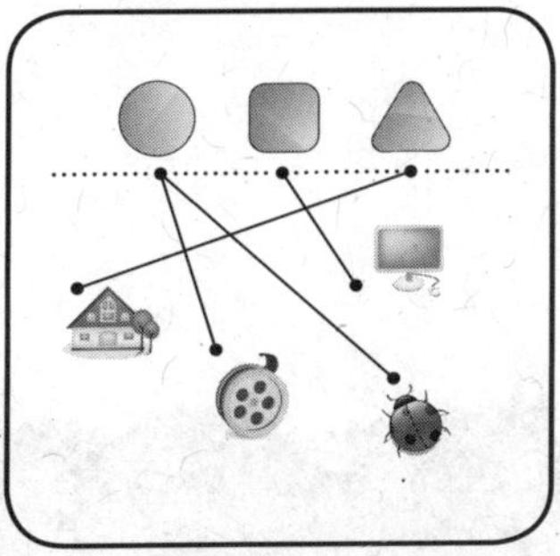

Jour 85

Jour 86

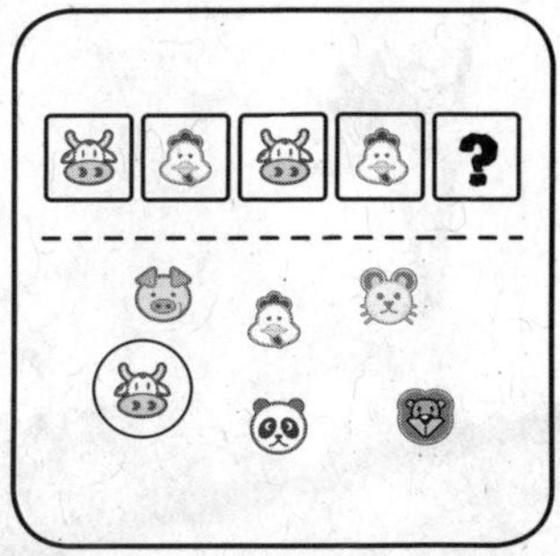

Jour 87

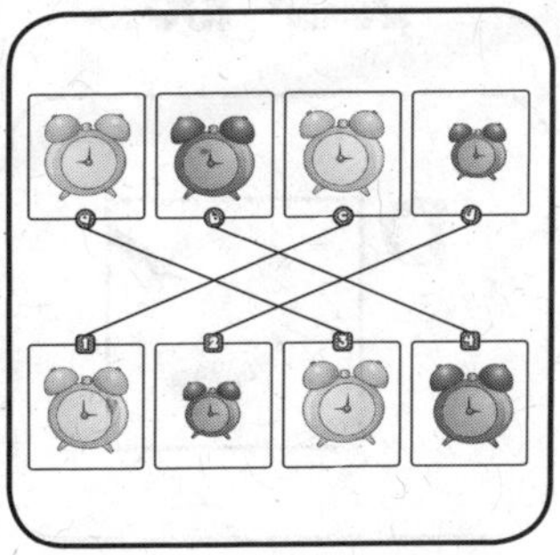

Jour 88

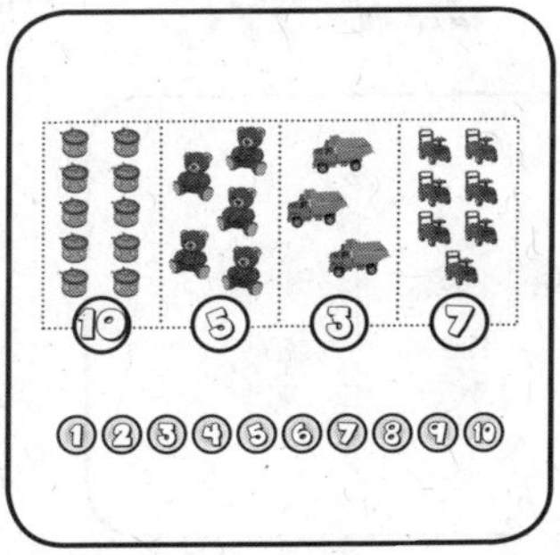

Jour 89

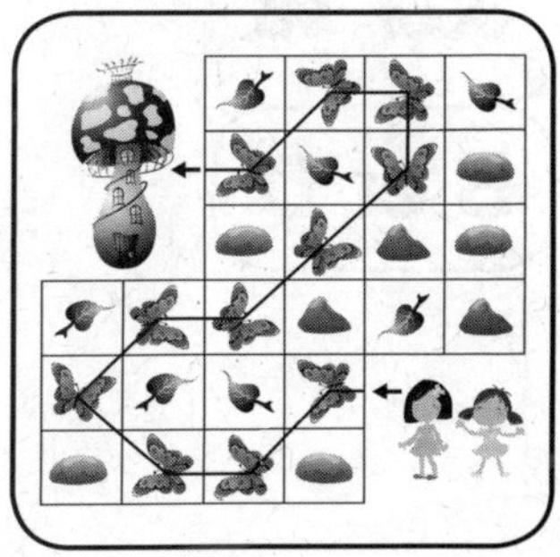

Jour 90

Jour 92

Jour 93

Jour 94

Jour 96

Solutions

Jour 98

B et D

Jour 99

Jour 100

D

Jour 102

Jour 103

Jour 104

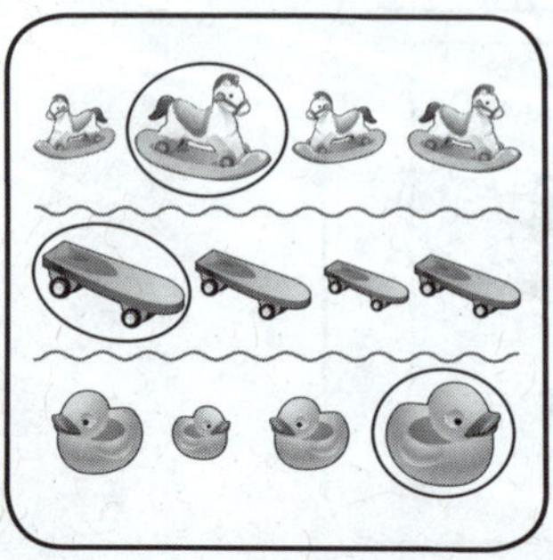

Jour 106

Jour 107

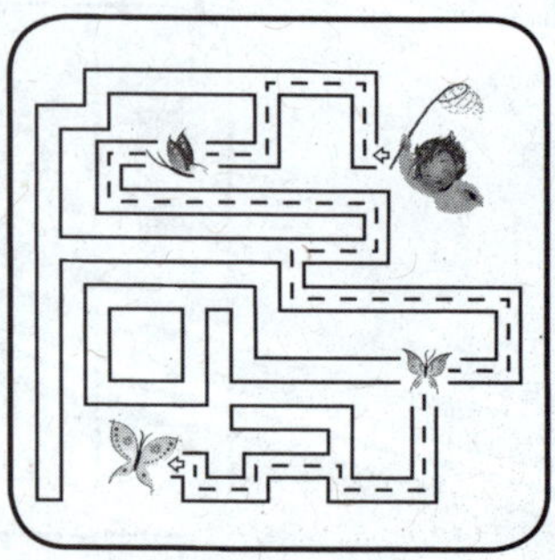

Jour 108

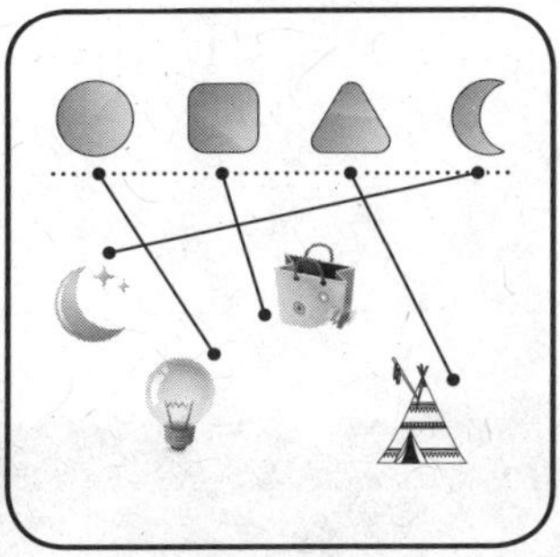

Jour 109

Jour 110

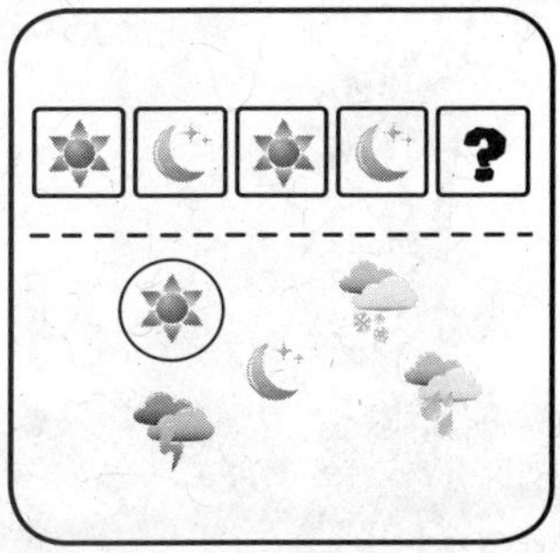

Jour 111

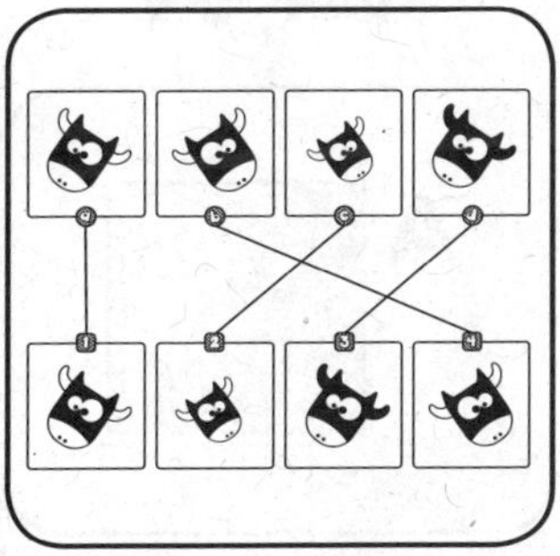

Jour 112

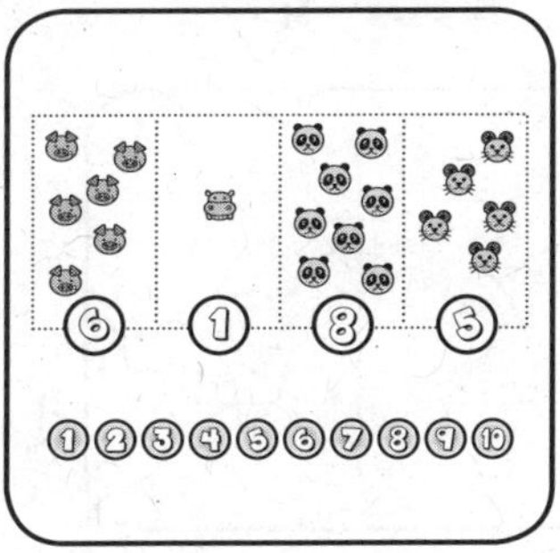

Jour 113

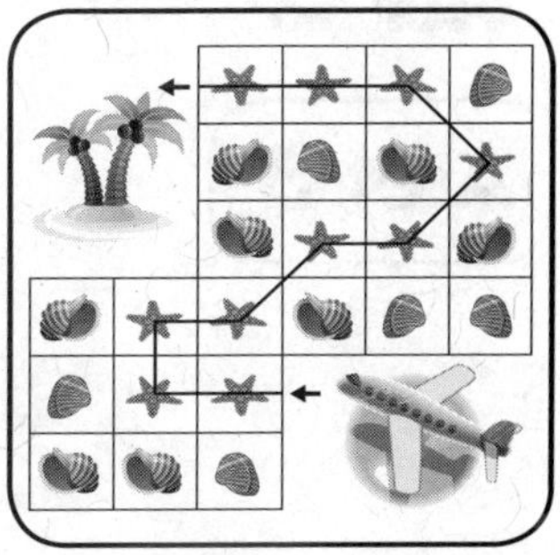

Jour 114

Jour 116

Jour 117

Jour 118

Jour 120

Solutions

Jour 122

A et B

Jour 123

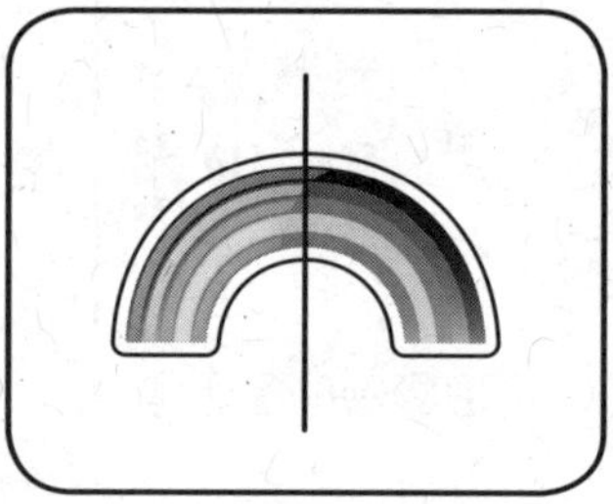

Jour 124

A

Jour 126

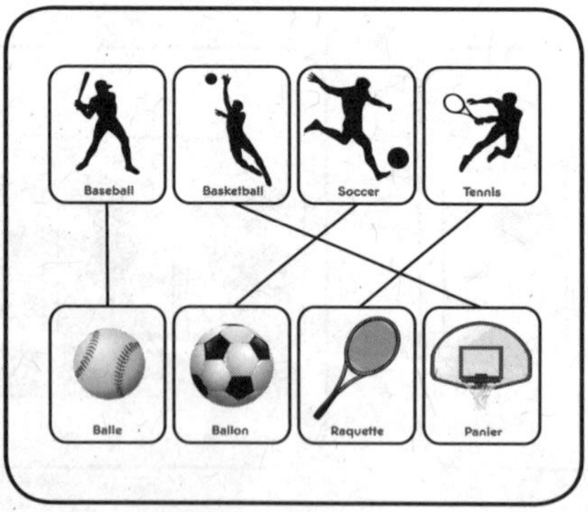

Jour 127

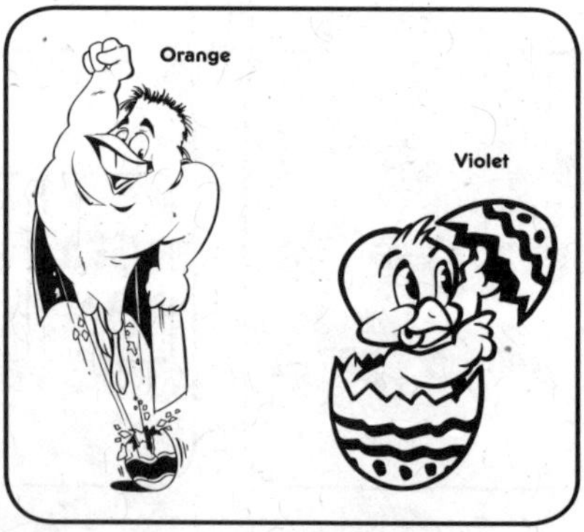

Jour 128

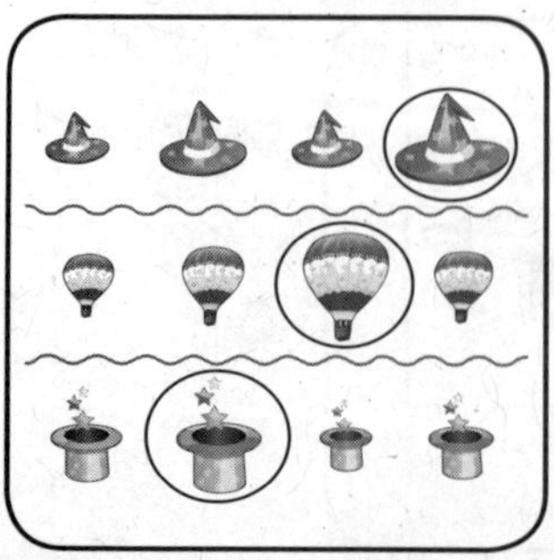

Jour 130

Jour 131

Jour 132

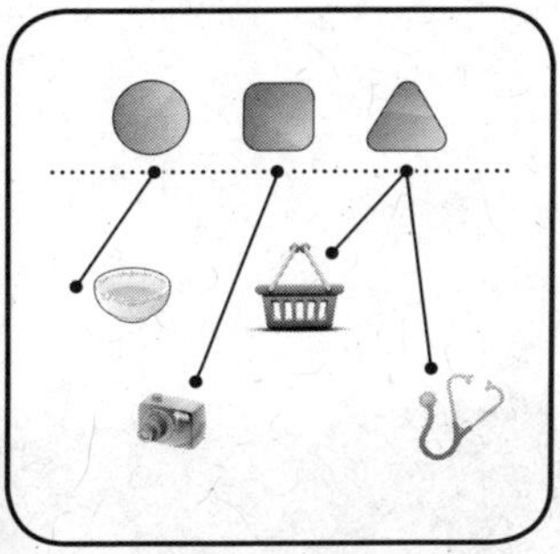

Jour 133

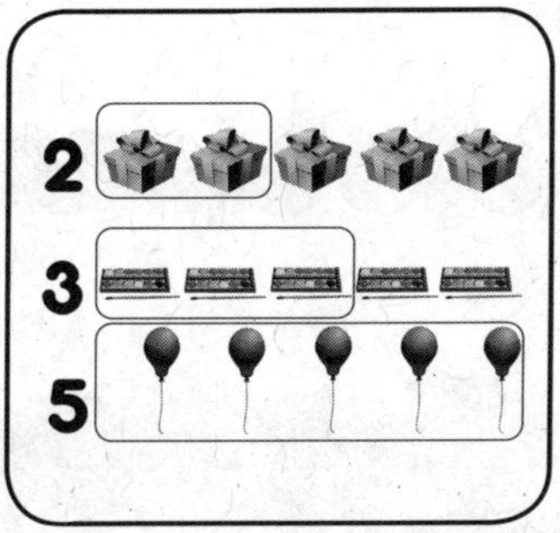

Jour 134

Jour 135

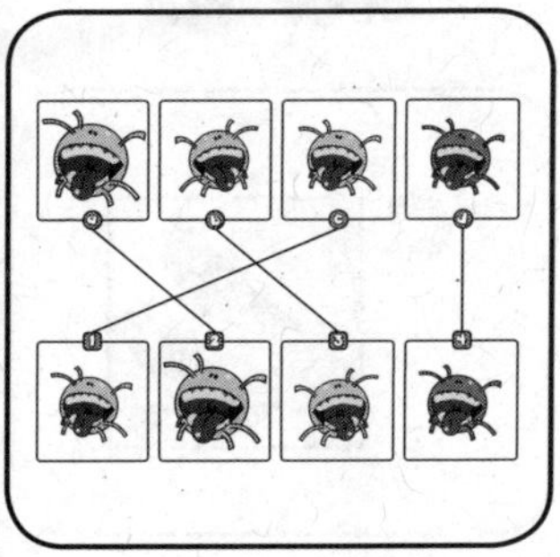

Jour 136

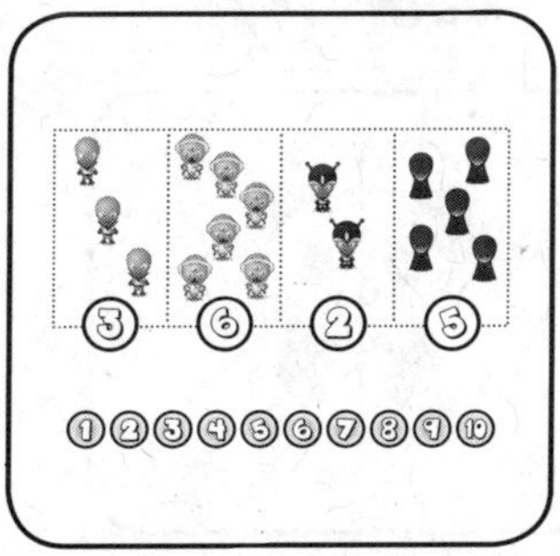

Jour 137

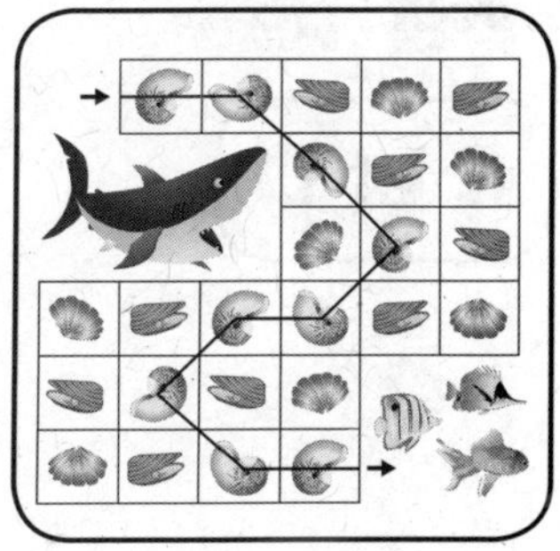

Jour 138

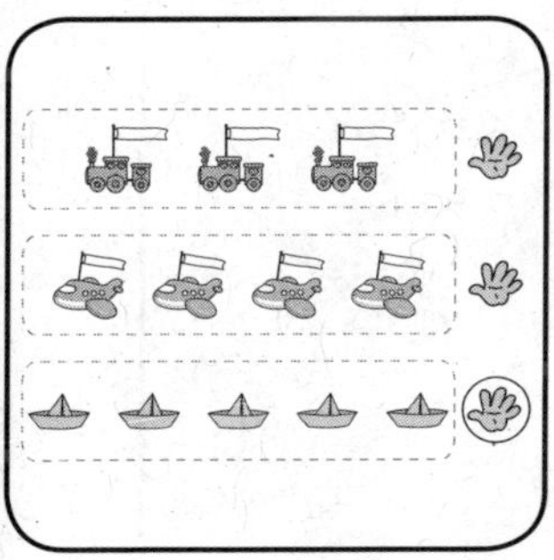

Jour 140

Jour 141

Jour 142

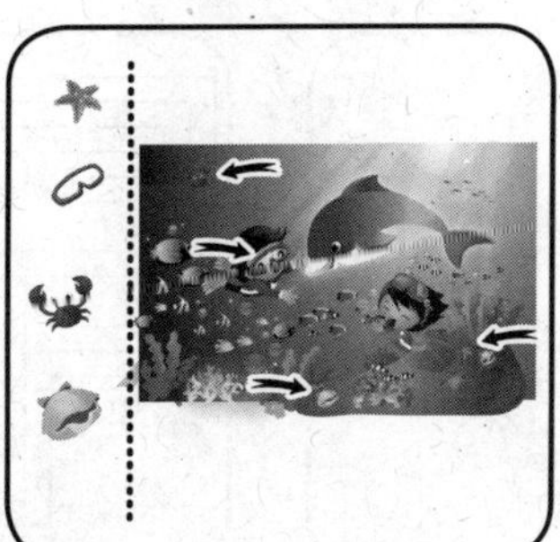

Jour 144

Solutions

Jour 146

C et D

Jour 147

Jour 148

C

Jour 150

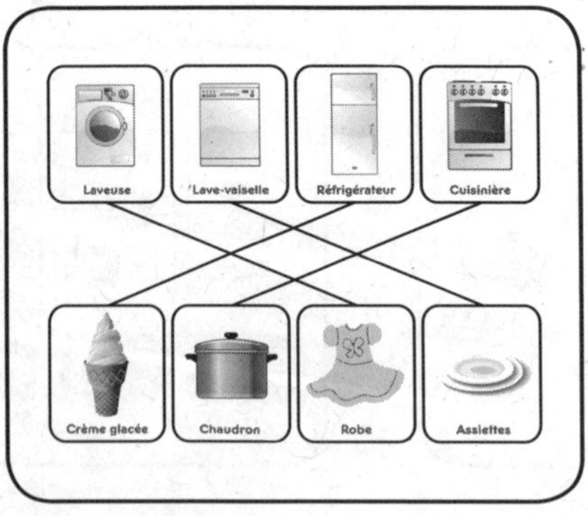

Jour 151

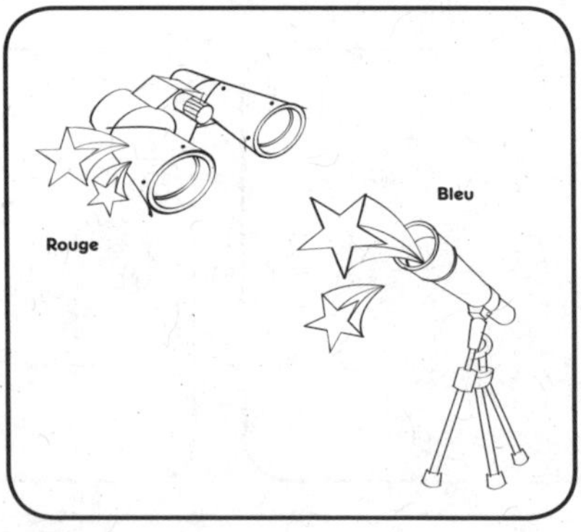

Jour 152

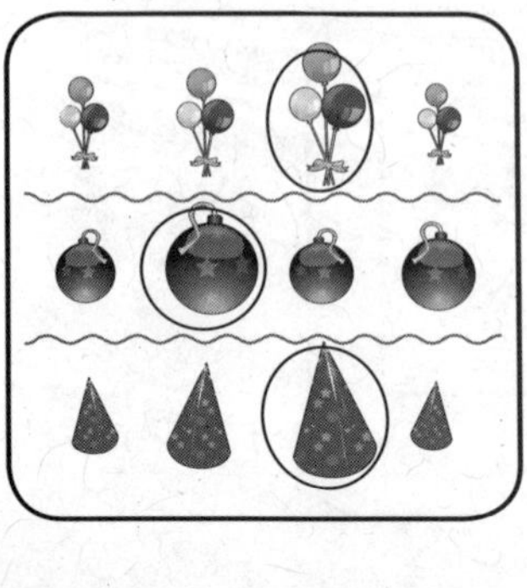

Jour 154

Jour 155

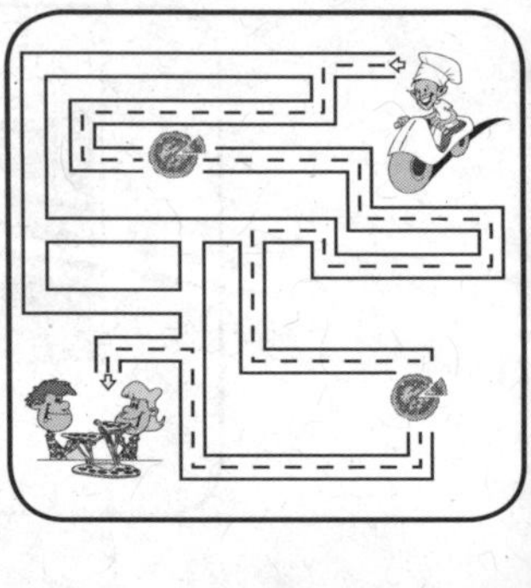

Jour 156

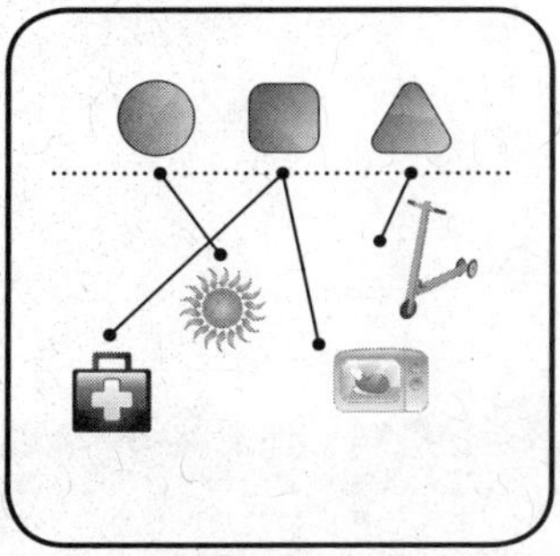

Jour 157

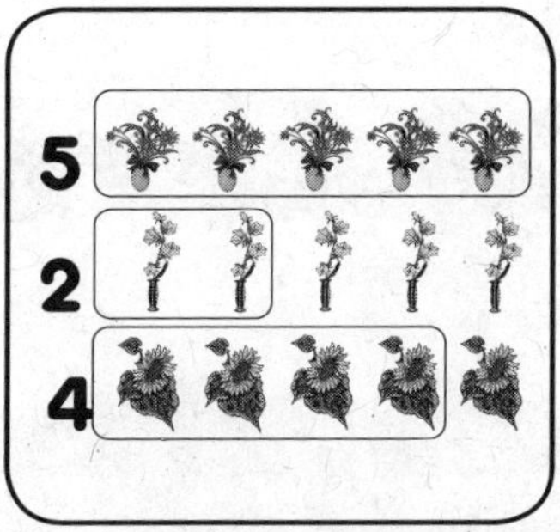

Jour 158

Jour 159

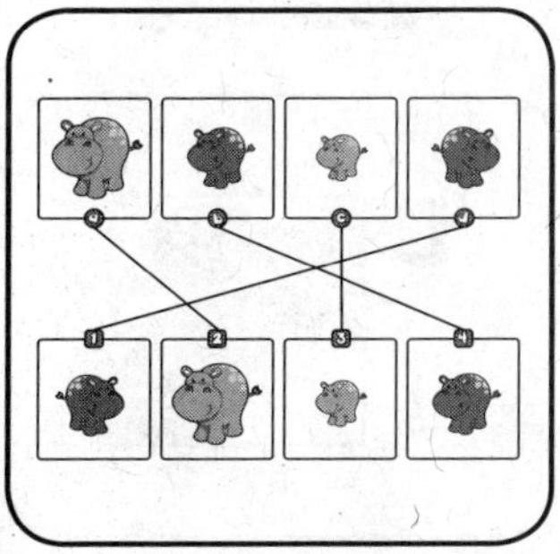

Jour 160

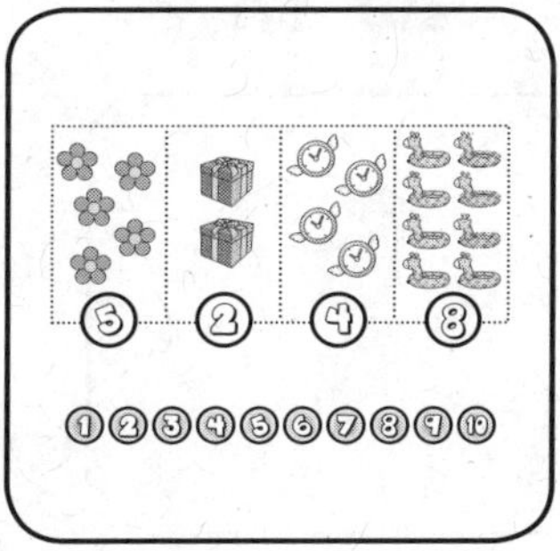

Jour 161

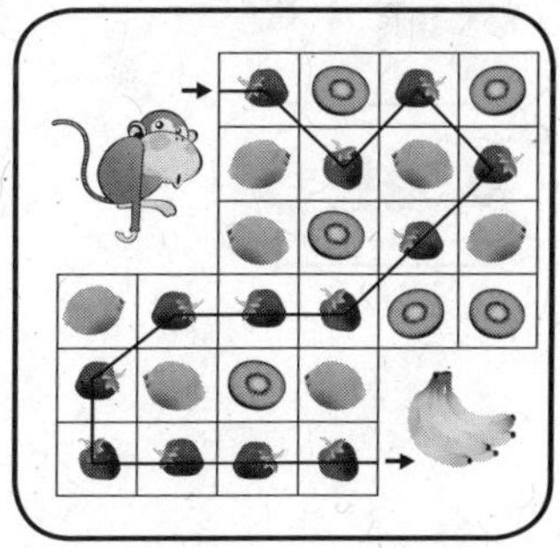

Jour 162

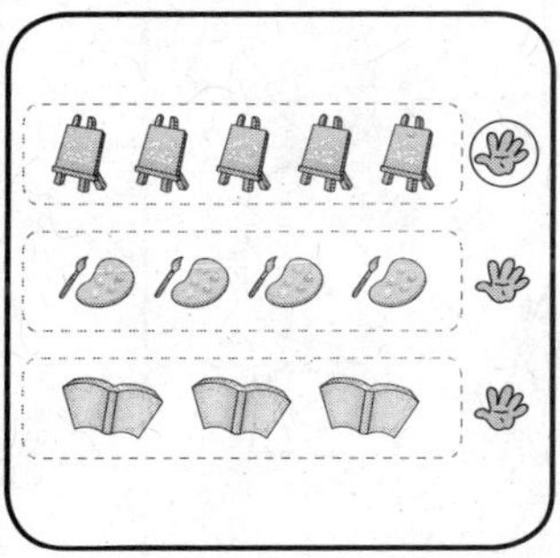

Jour 164

Jour 165

Jour 166

Jour 168

Solutions

Jour 170

A et D

Jour 171

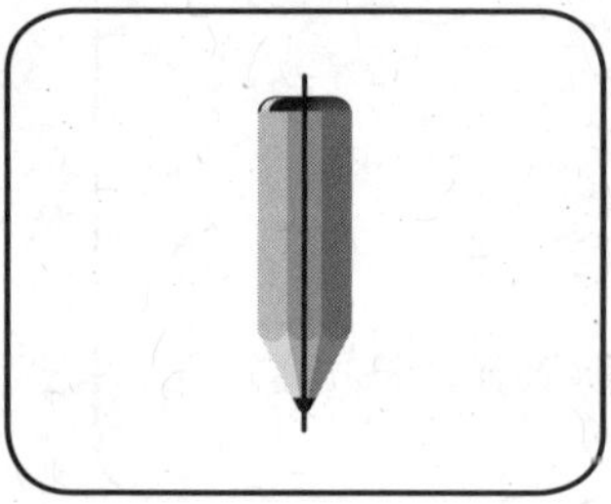

Jour 172

D

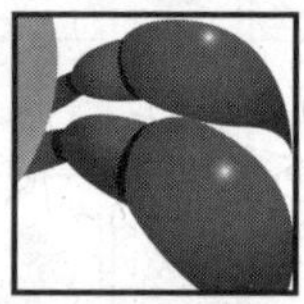

Jour 174

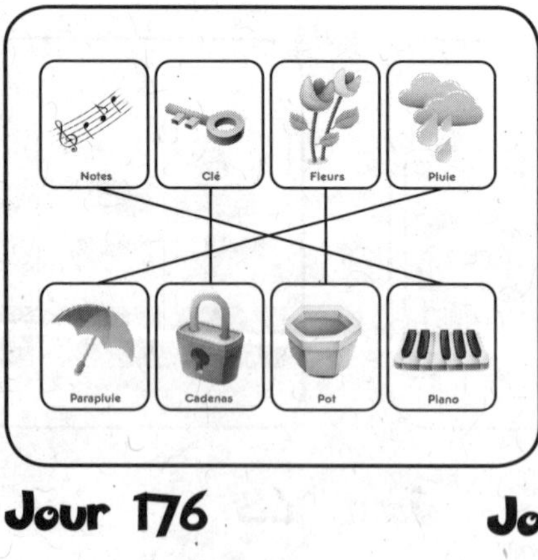

Jour 175

Jour 176

Jour 178

Jour 179

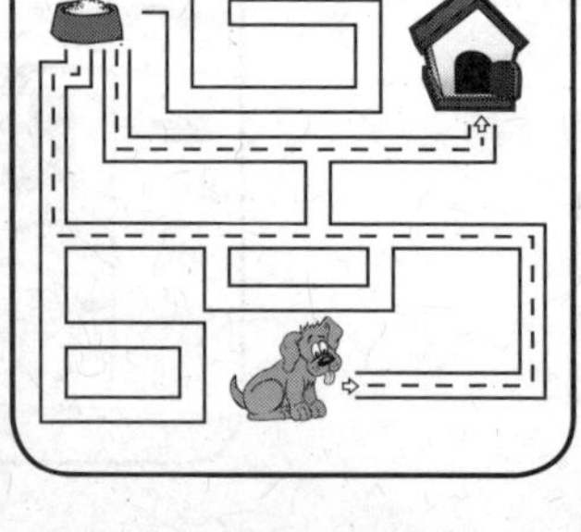

Jour 180

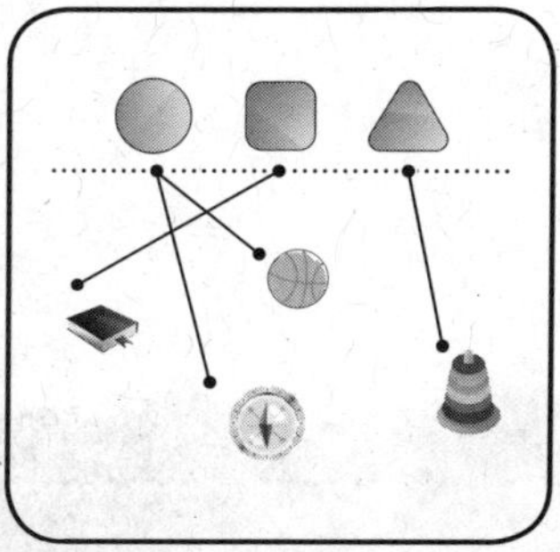

Jour 181

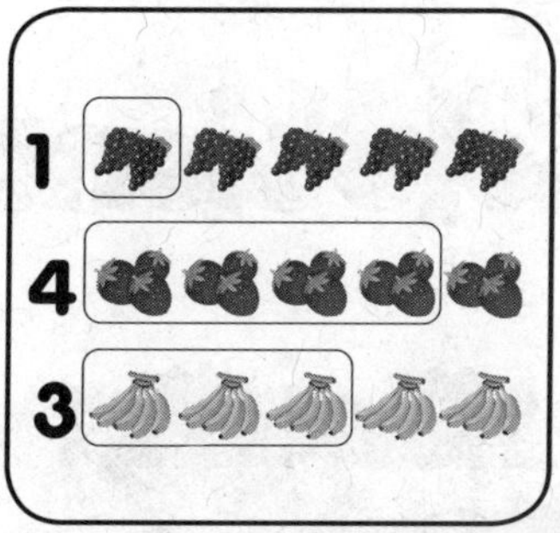

Jour 182

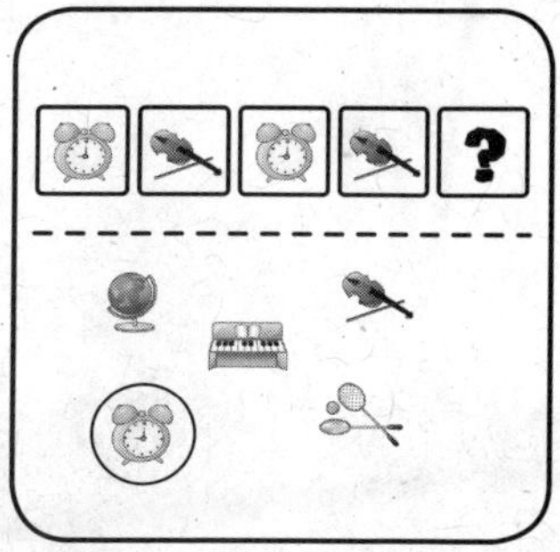

Jour 183

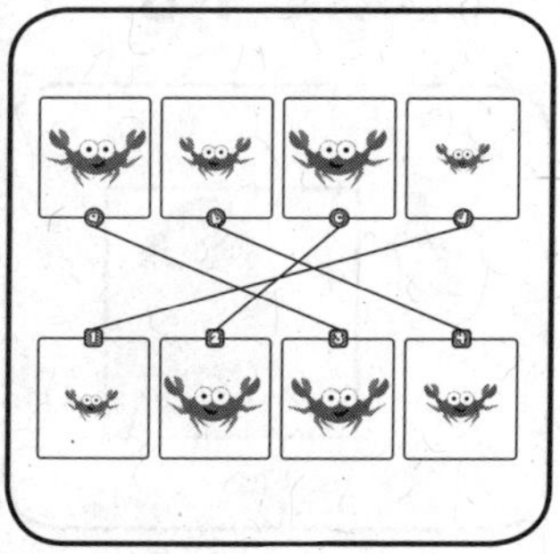

Jour 184

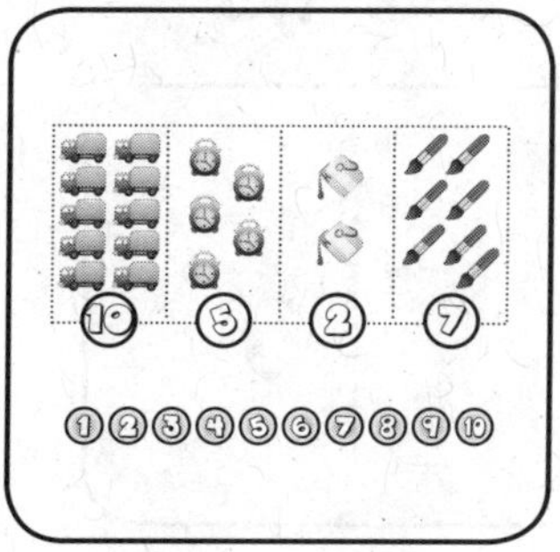

Jour 185

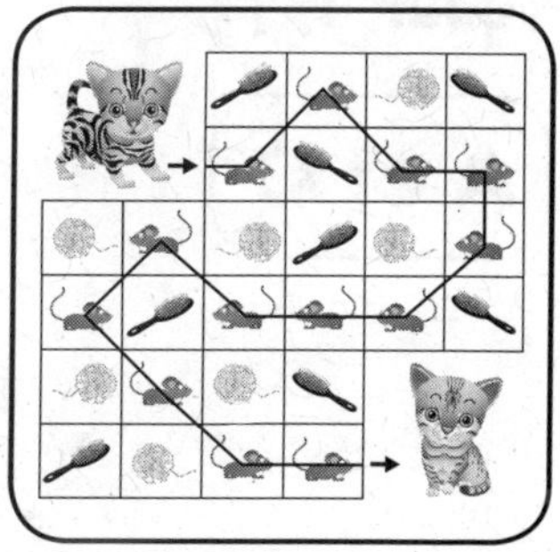

Jour 186

Jour 188

Jour 189

Jour 190

Jour 192

Solutions

Jour 194

A et C

Jour 195

Jour 196

A

Jour 198

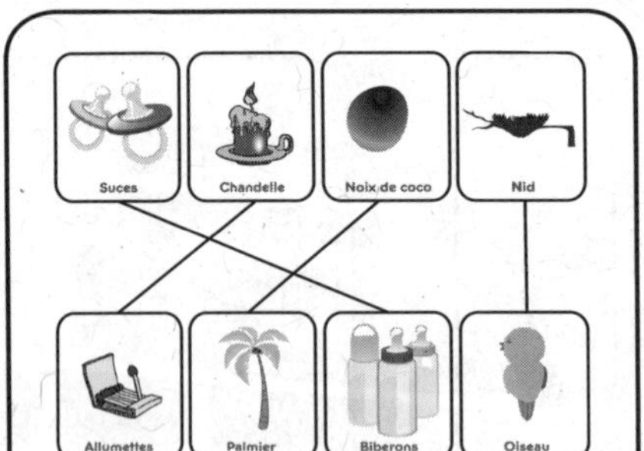

Jour 199

Jour 200

Jour 202

Jour 203

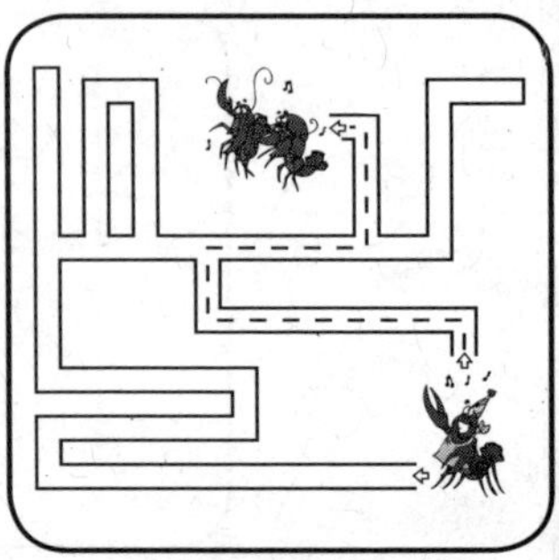

Jour 204

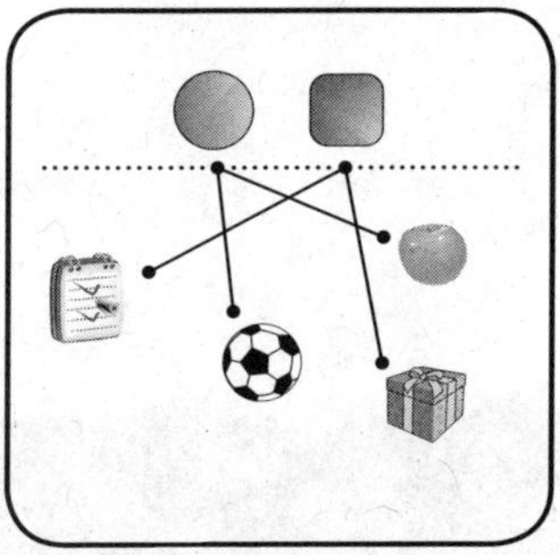

Jour 205

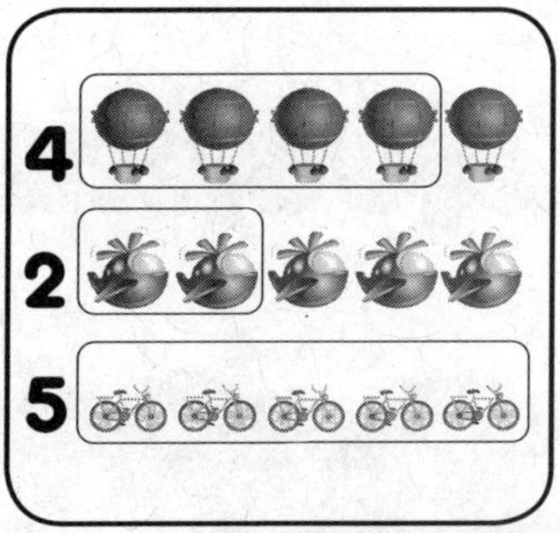

Jour 206

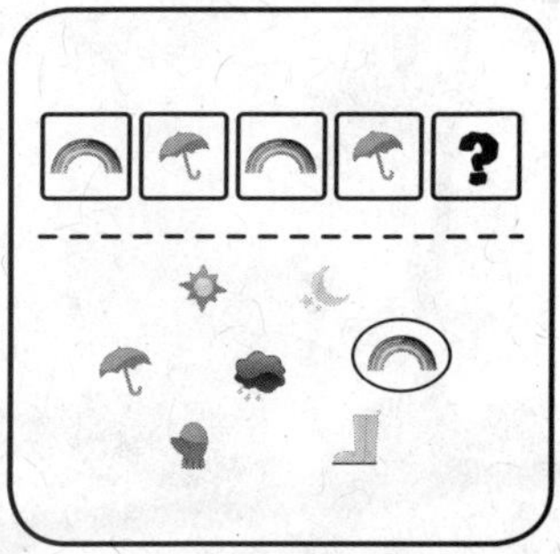

Jour 207

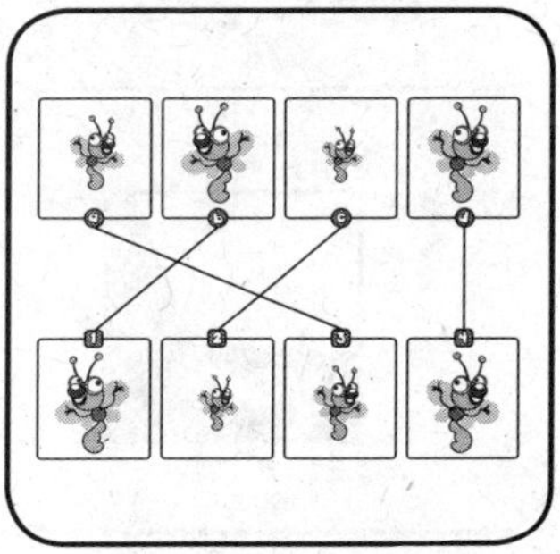

Jour 208

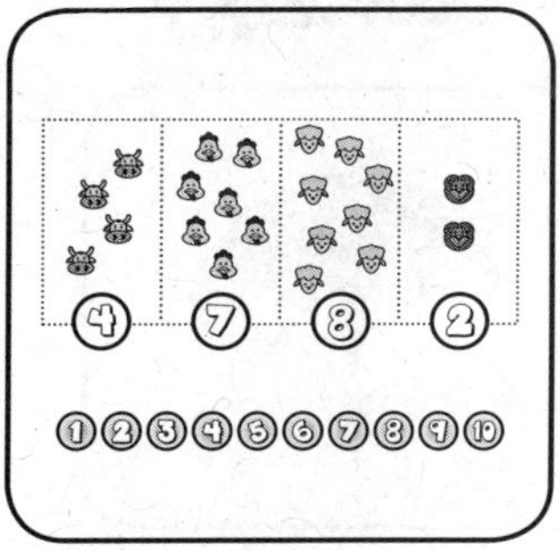

Jour 209

Jour 210

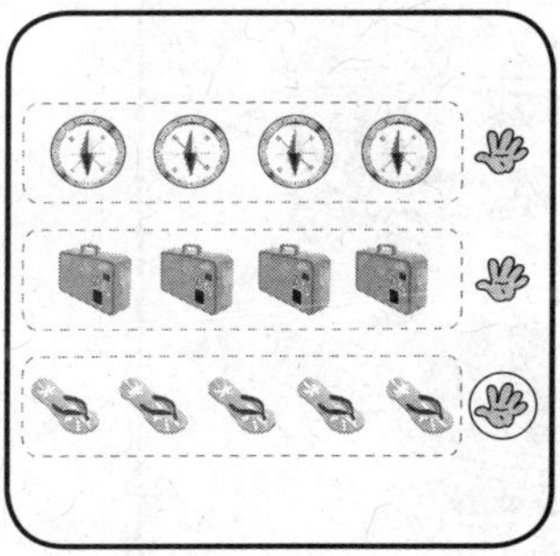

Jour 212

Jour 213

Jour 214

Jour 216

Solutions

Jour 218

B et D

Jour 219

Jour 220

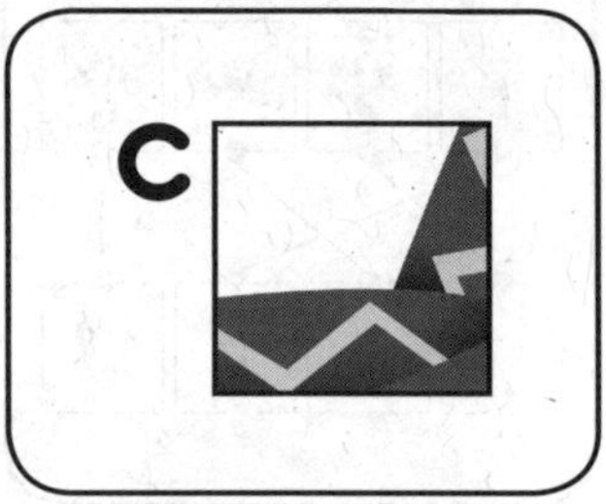

Jour 222

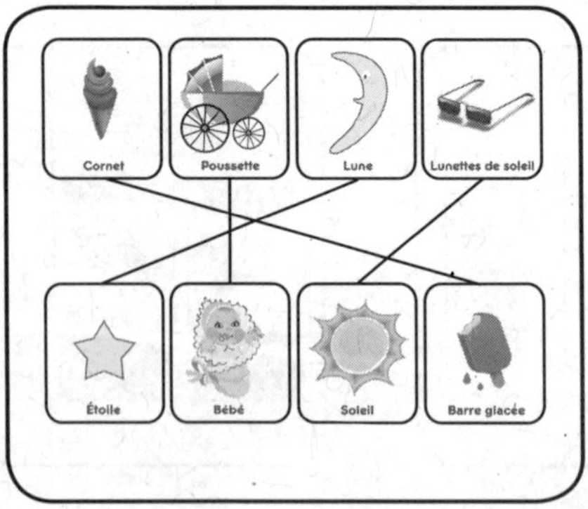

Jour 223

Jour 224

Jour 226

Jour 227

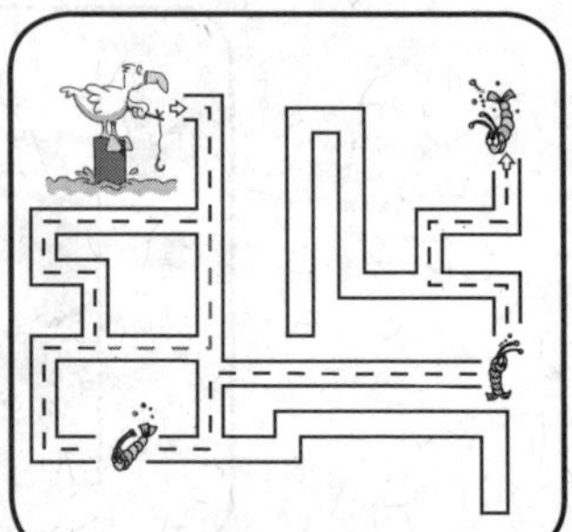

Jour 228

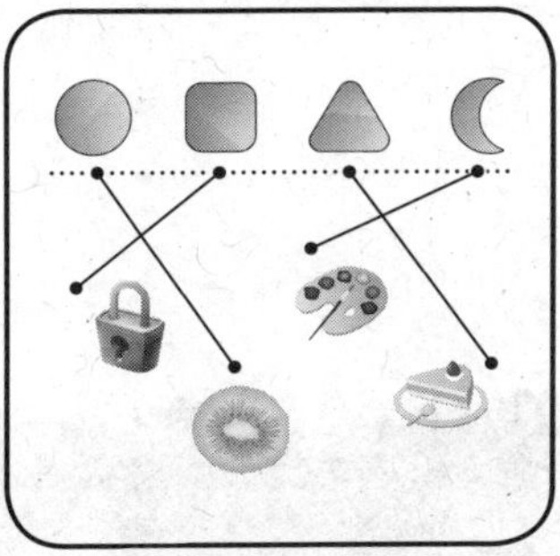

Jour 229

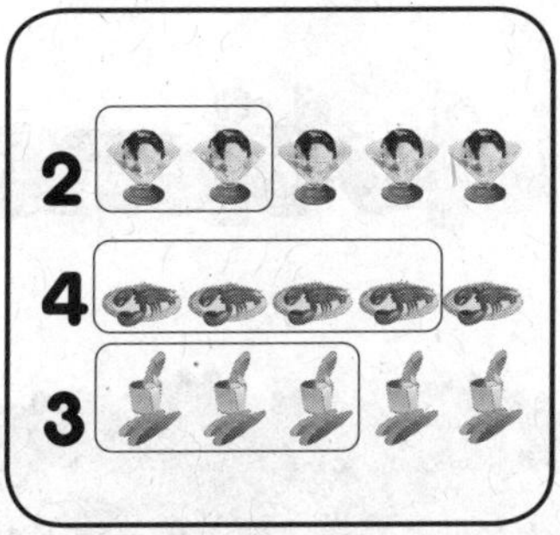

Jour 230

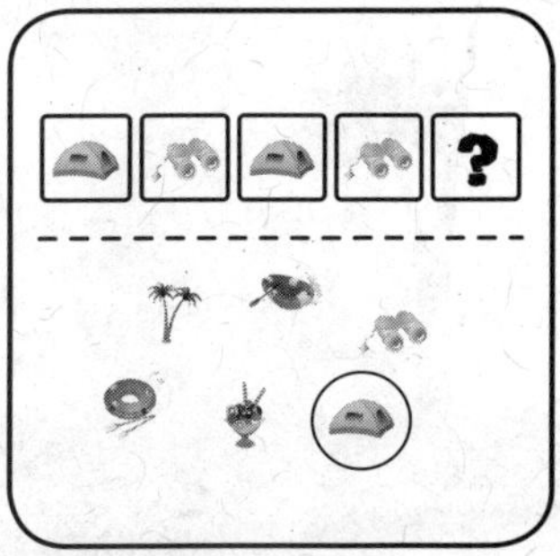

Jour 231

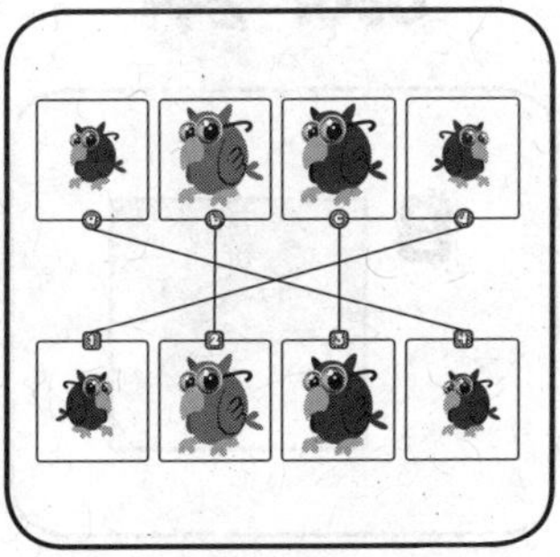

Jour 232

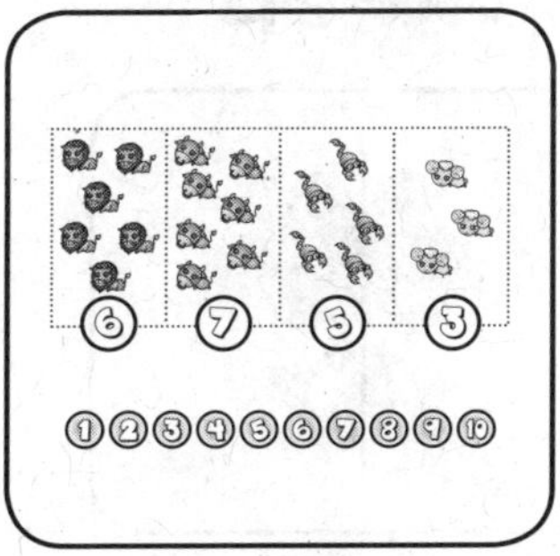

Jour 233

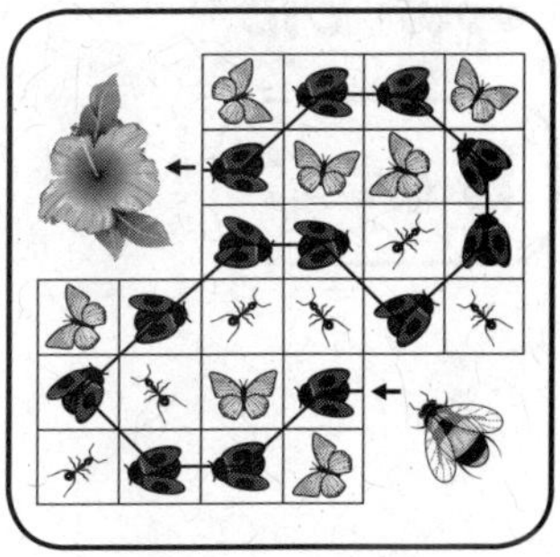

Jour 234

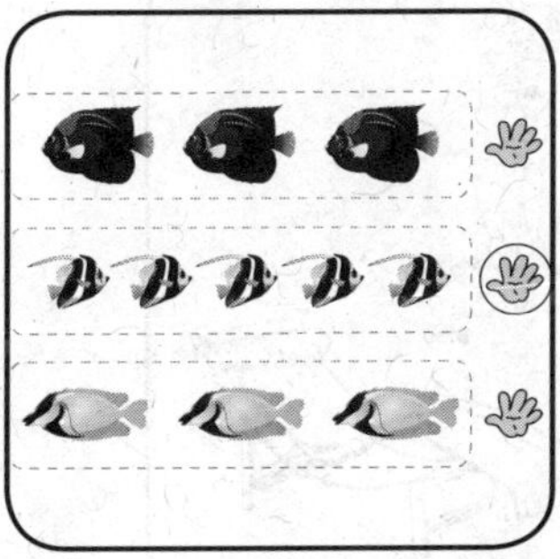

Jour 236

Jour 237

Jour 238

Jour 240

Solutions

Jour 242

B et C

Jour 243

Jour 244

B

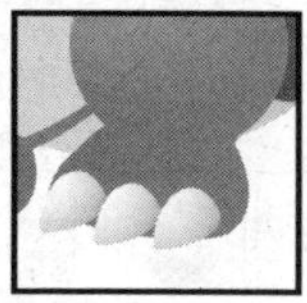

Jour 246

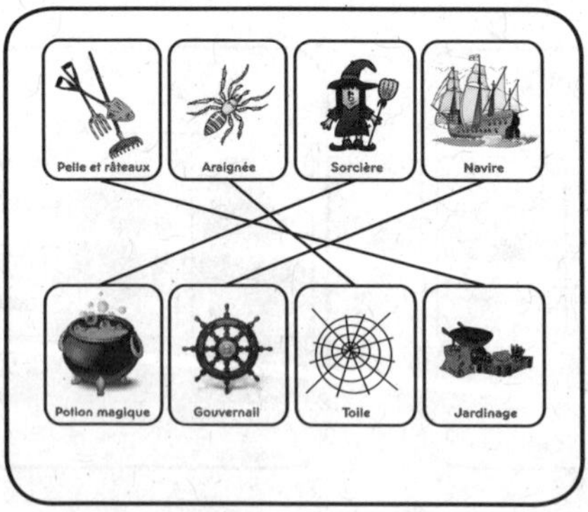

Jour 247

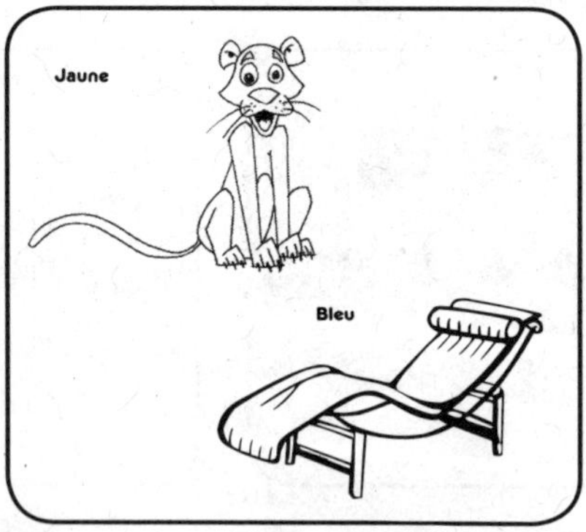

Jour 248

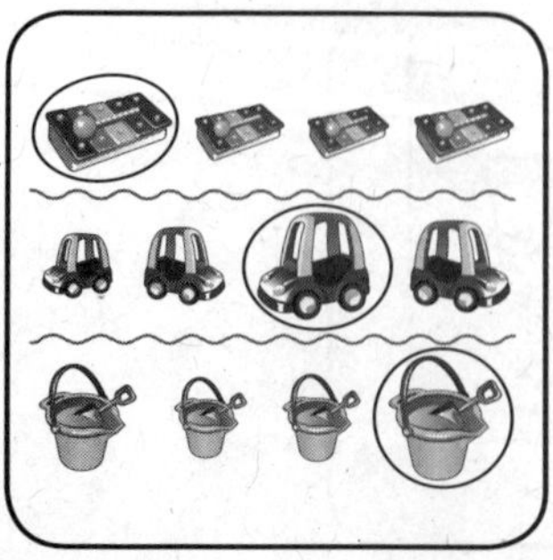

Jour 250

Jour 251

Jour 252

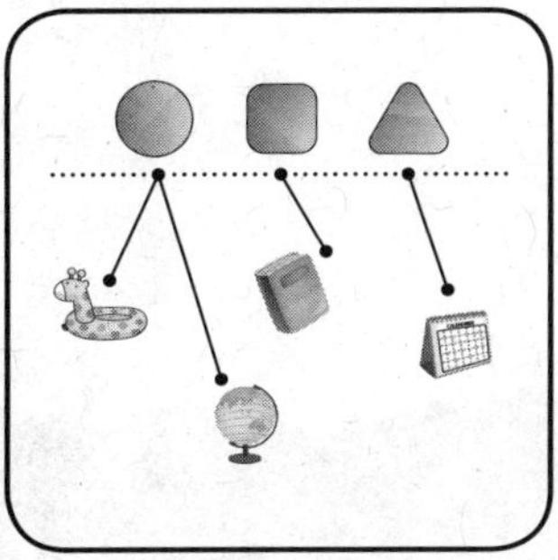

Jour 253

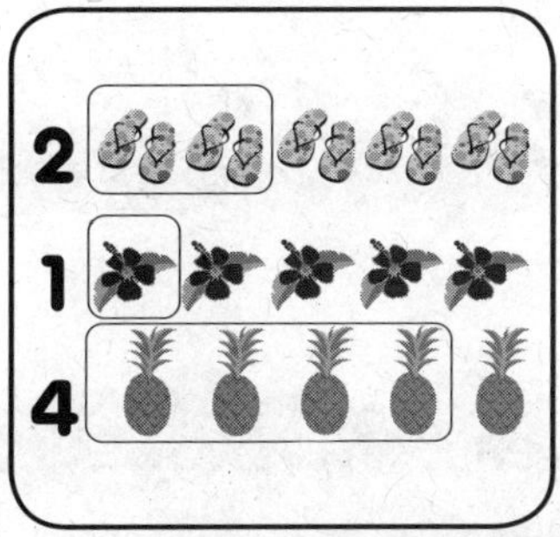

Jour 254

Jour 255

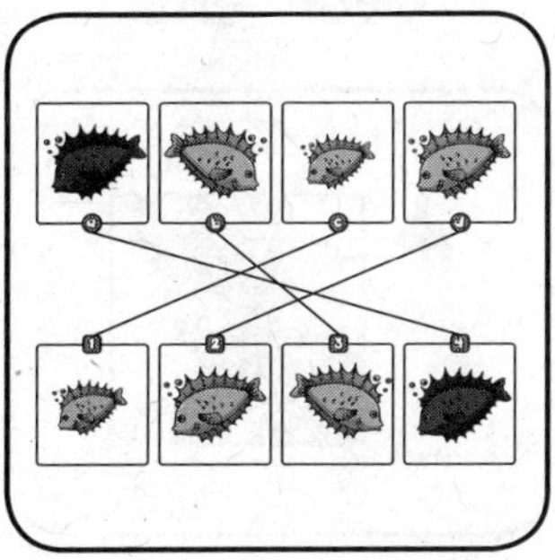

Jour 256

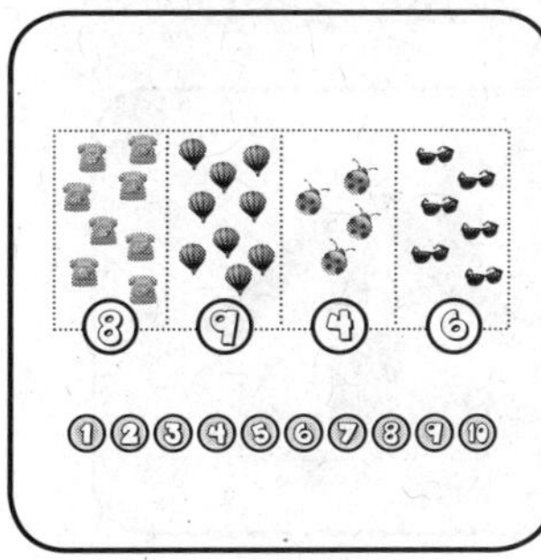

Jour 257

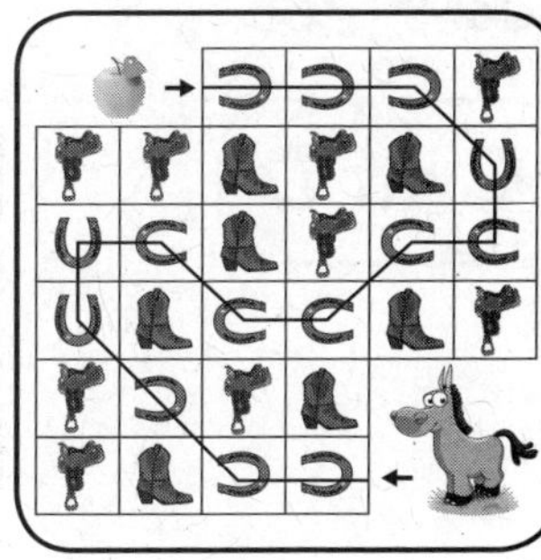

Jour 258

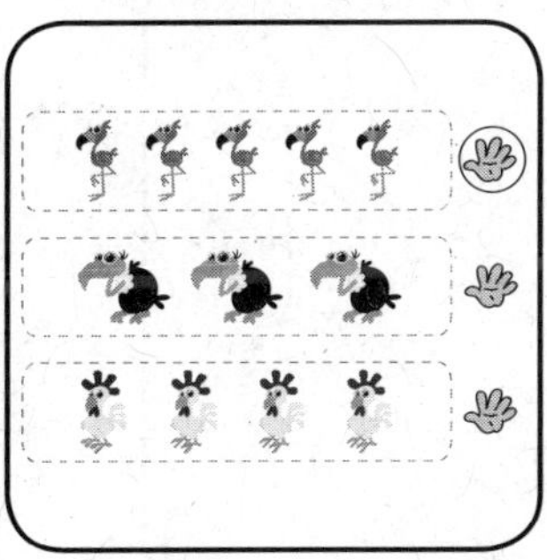

Jour 260

Jour 261

Jour 262

Jour 264

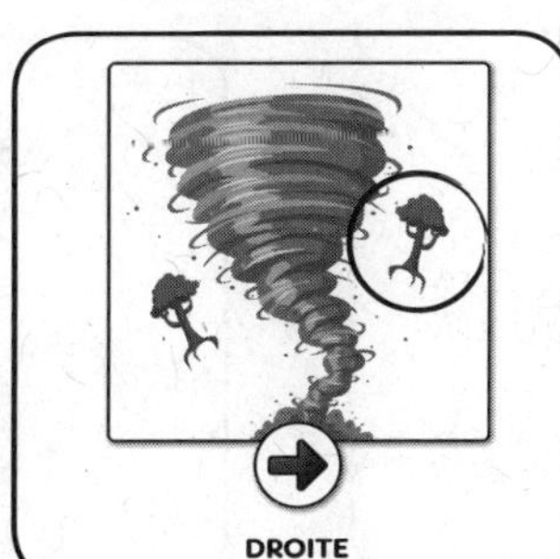

Solutions

Jour 266

C et D

Jour 267

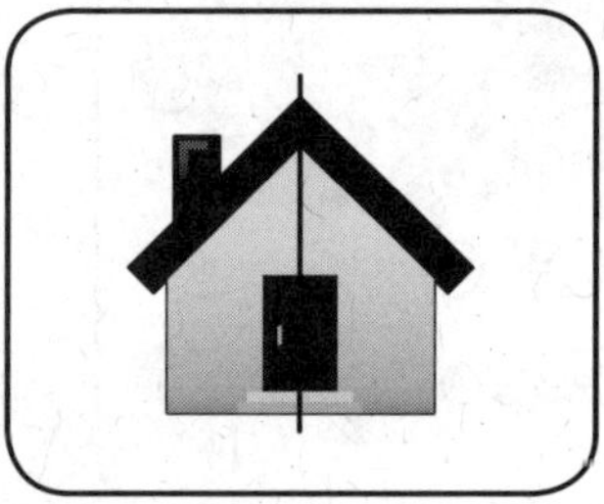

Jour 268

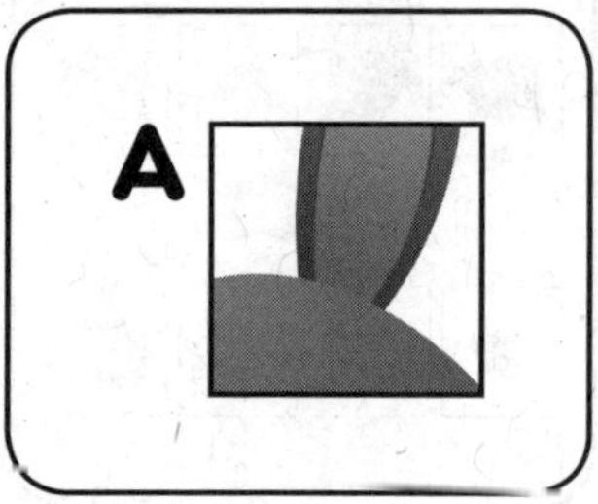

Jour 270

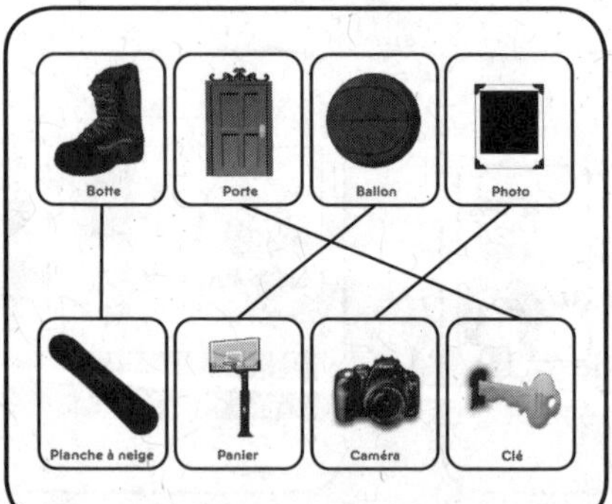

Jour 271

Jour 272

Jour 274

Jour 275

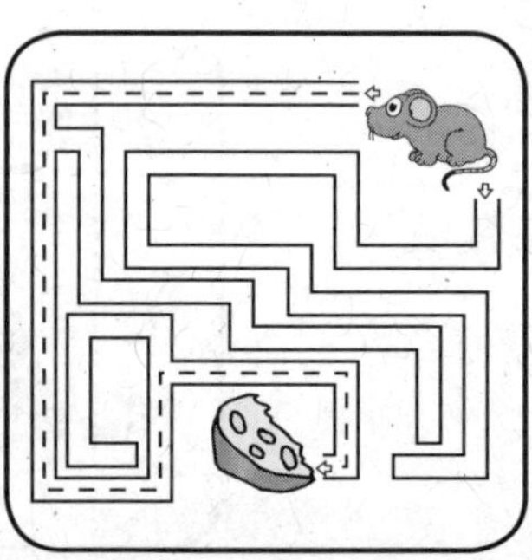

Jour 276

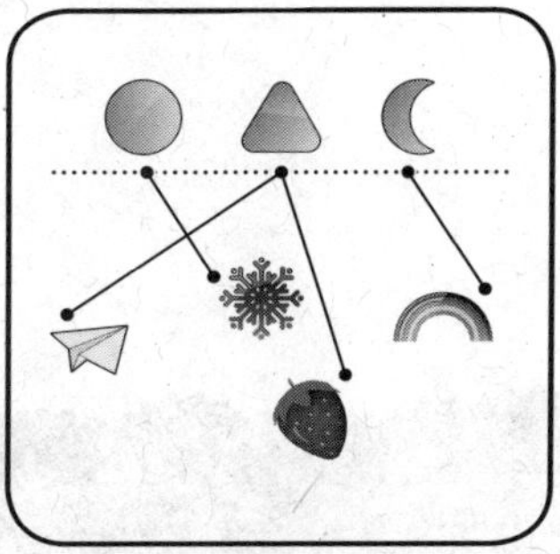

Jour 277

Jour 278

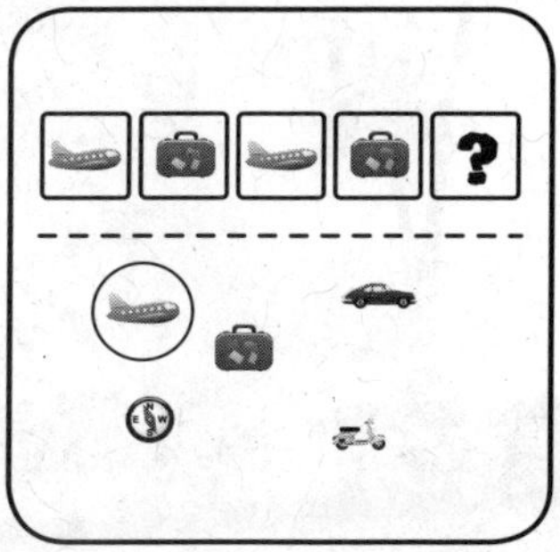

Jour 279

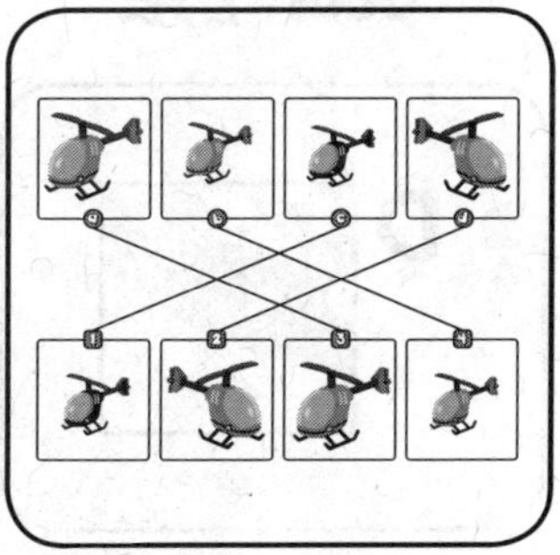

Jour 280

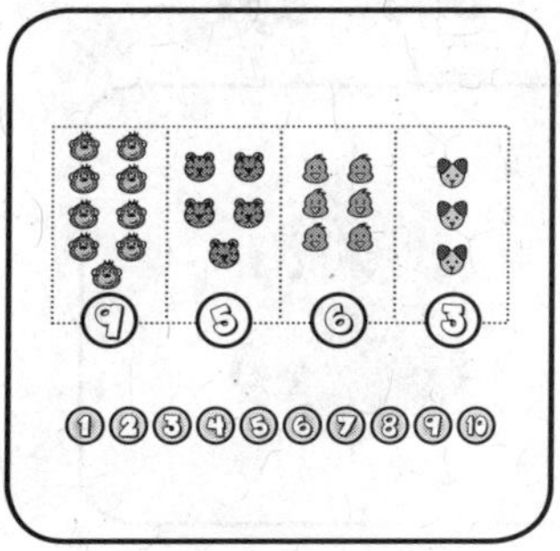

Jour 281

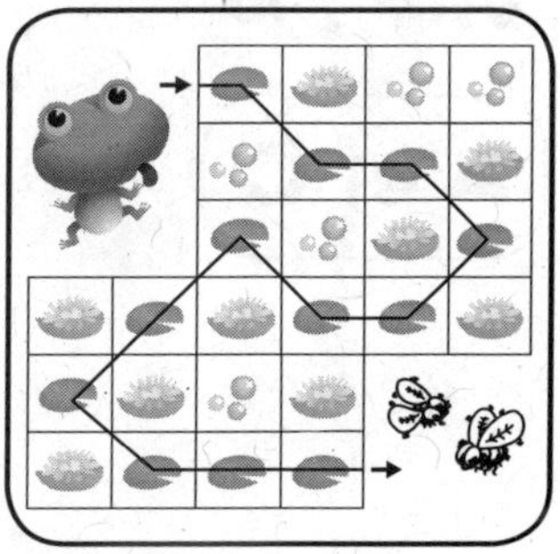

Jour 282

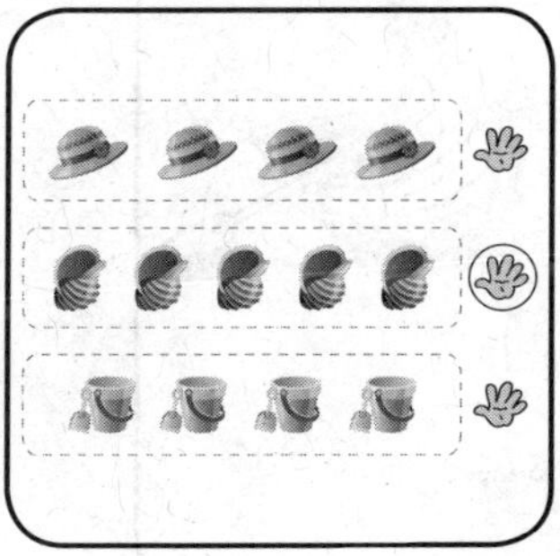

Jour 284

Jour 285

Jour 286

Jour 288

Solutions

Jour 290

A et C

Jour 291

Jour 292

D

Jour 294

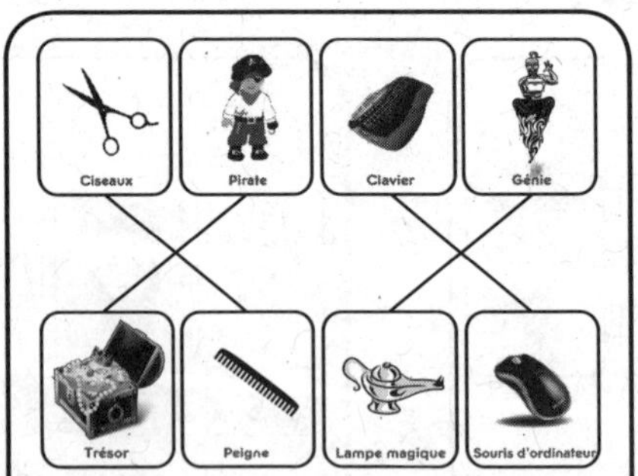

Jour 295

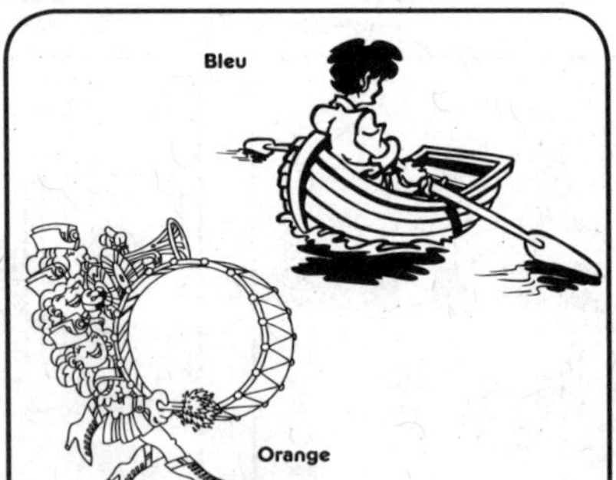

Jour 296

Jour 298

Jour 299

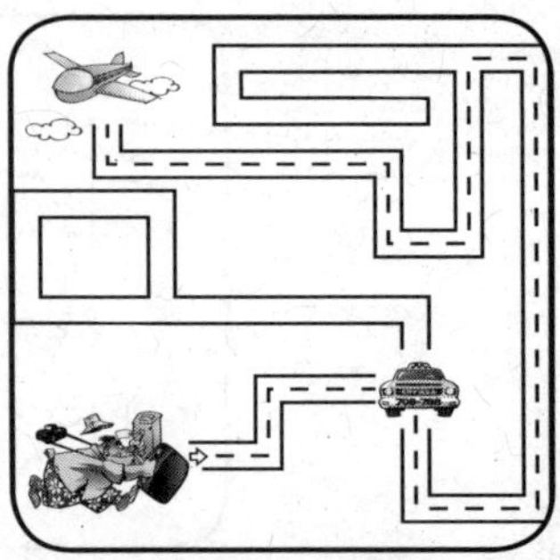

Jour 300

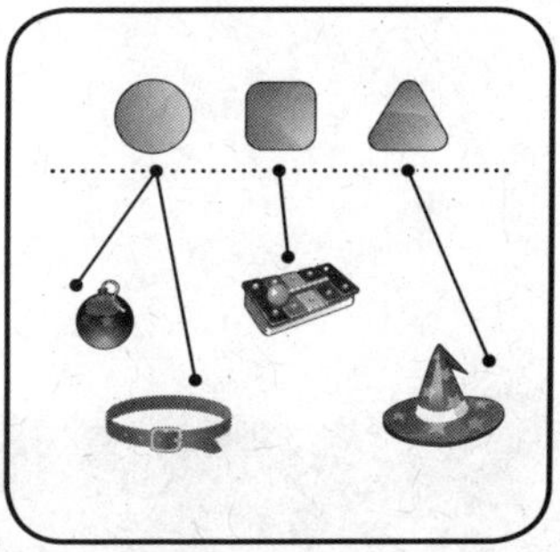

Jour 301

Jour 302

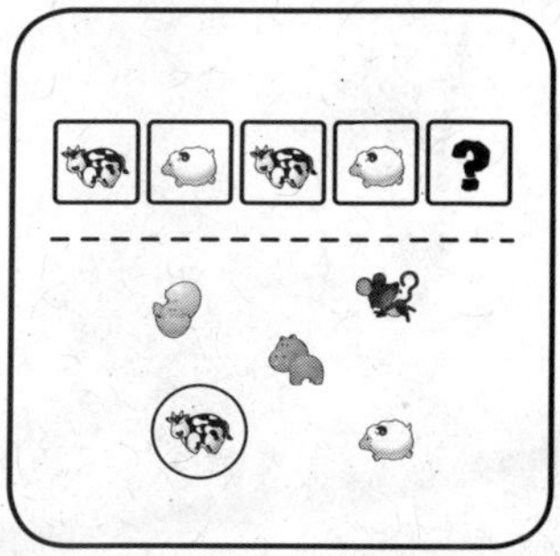

Jour 303

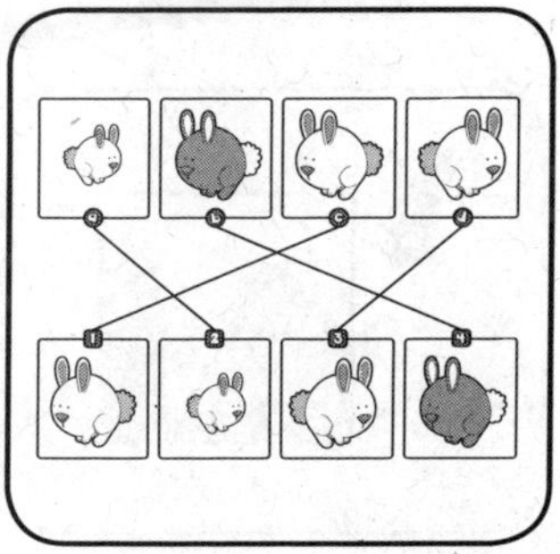

Jour 304

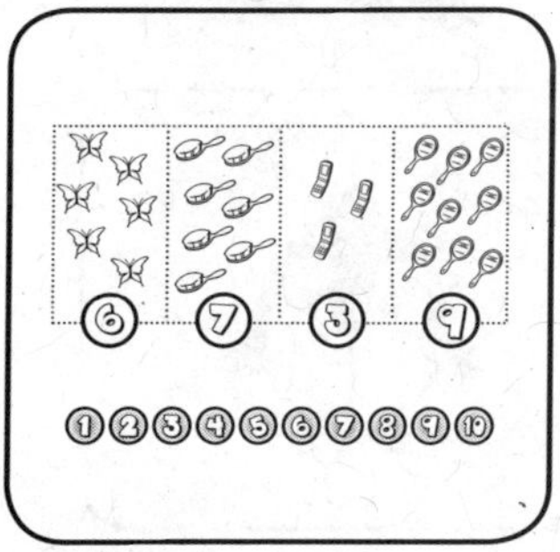

Jour 305

Jour 306

Jour 309

Jour 310

Jour 312

Solutions

Jour 314

A et B

Jour 315

Jour 316

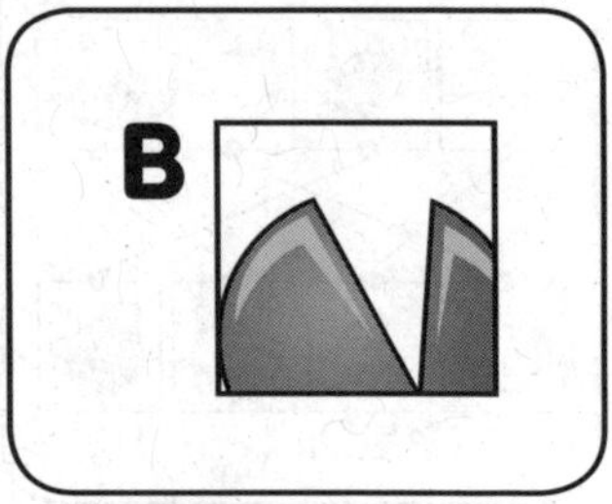

Jour 318

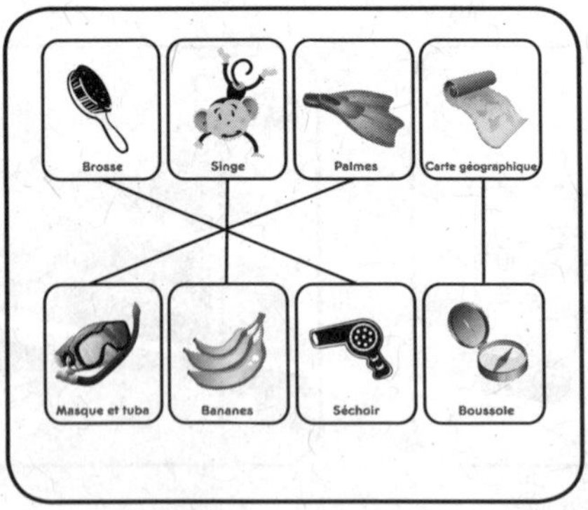

Jour 319

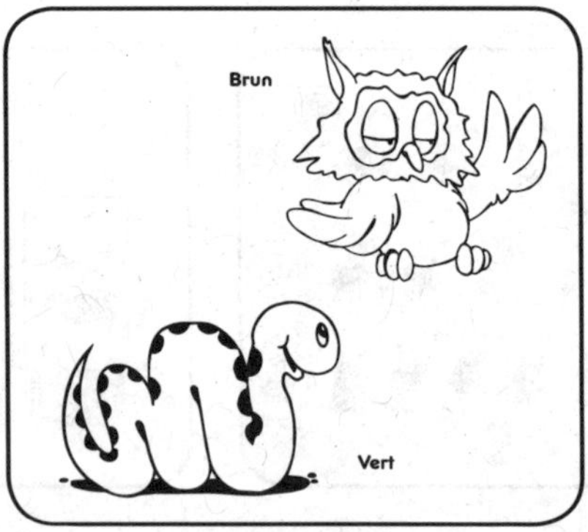

Jour 320

Jour 322

Jour 323

Jour 324

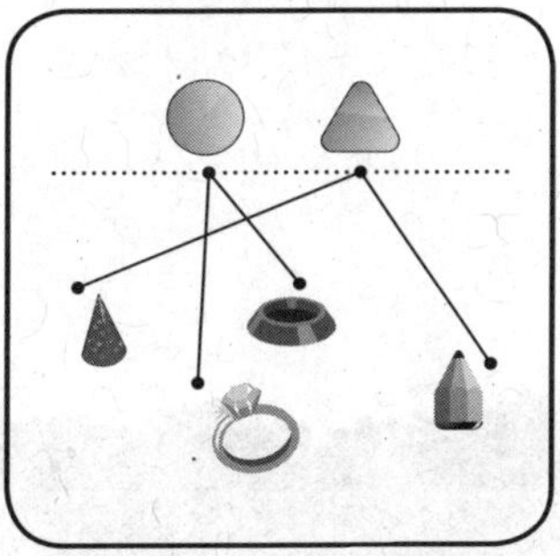

Jour 325

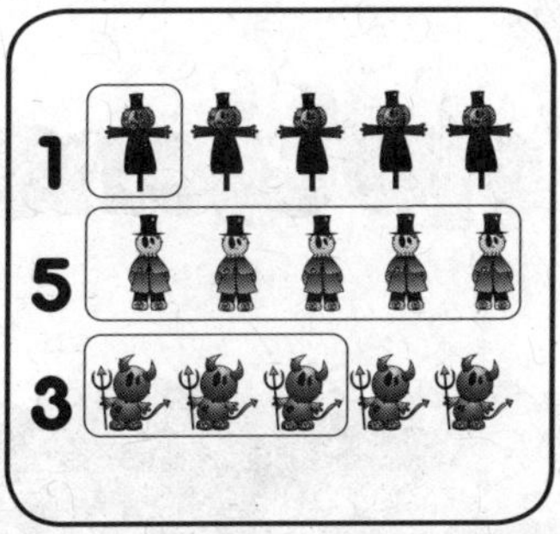

Jour 326

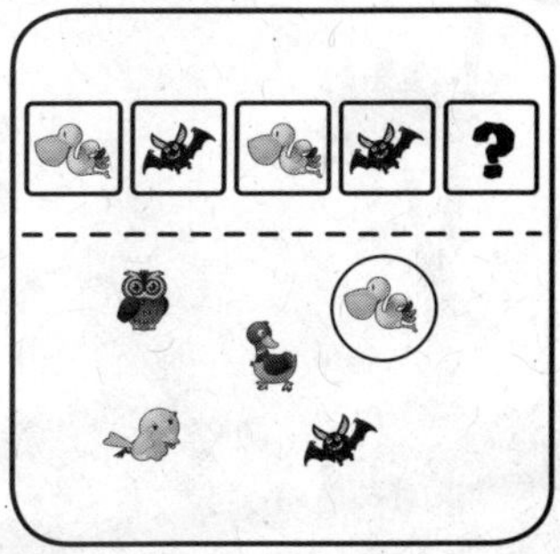

Jour 327

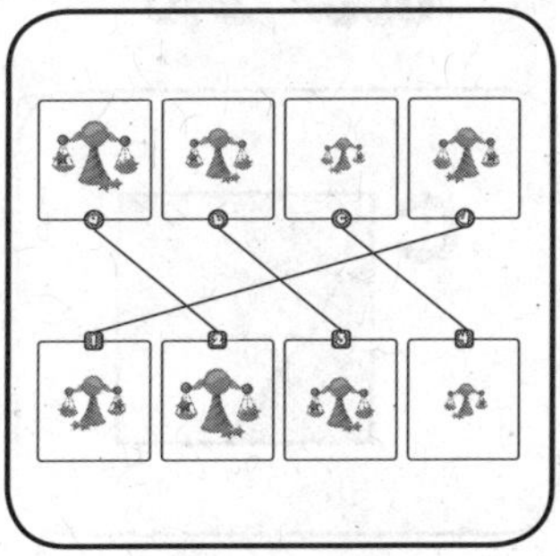

Jour 328

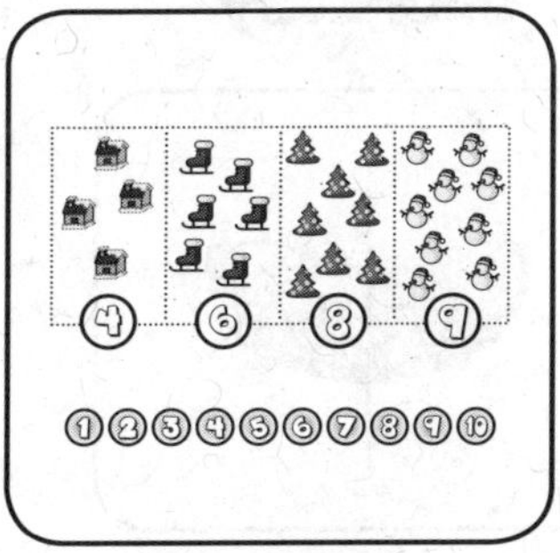

Jour 329

Jour 330

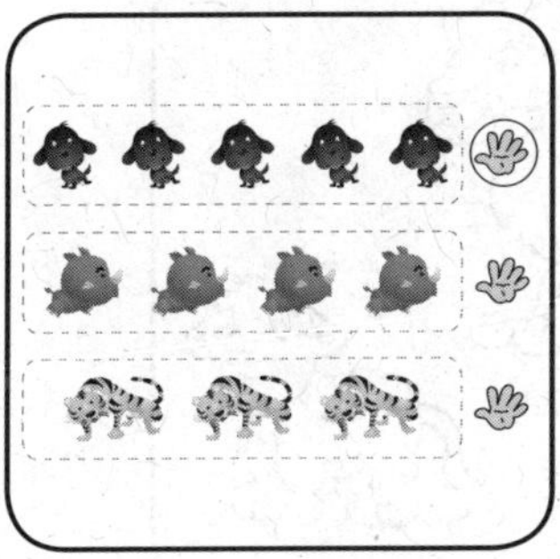

Jour 333

Jour 334

Jour 336

Solutions

Jour 338

B et D

Jour 339

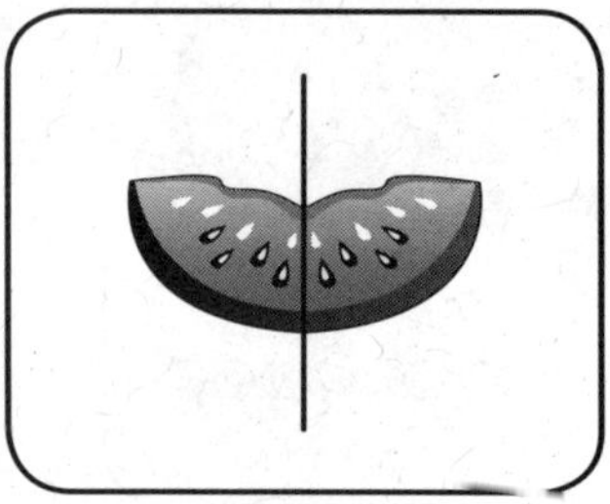

Jour 340

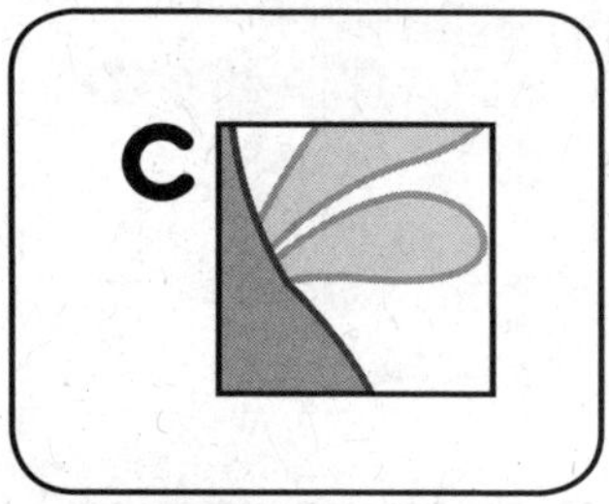

Jour 342

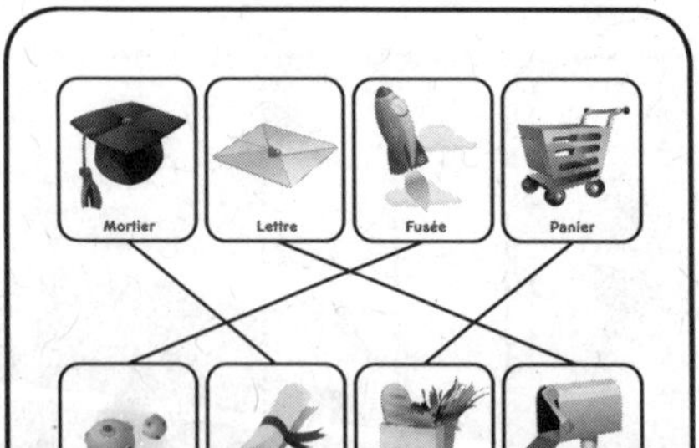

Jour 343

Jour 344

Jour 346

Jour 347

Jour 348

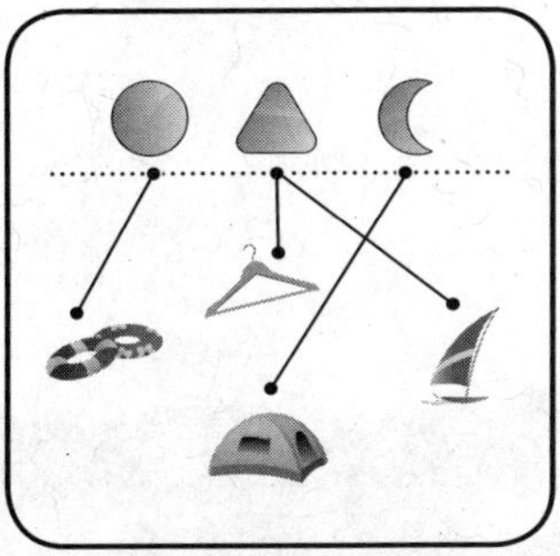

Jour 349

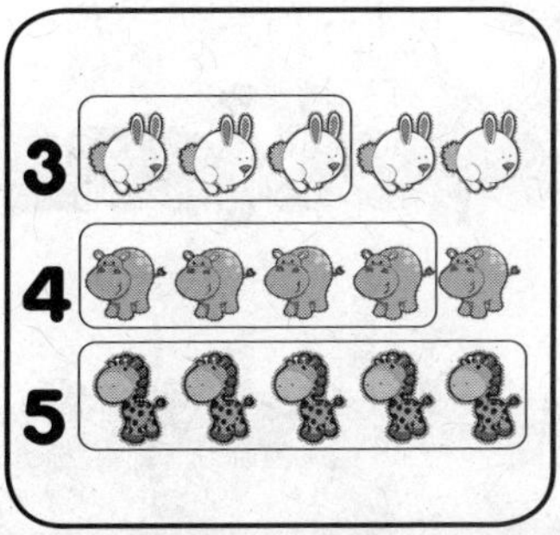

Jour 350

Jour 351

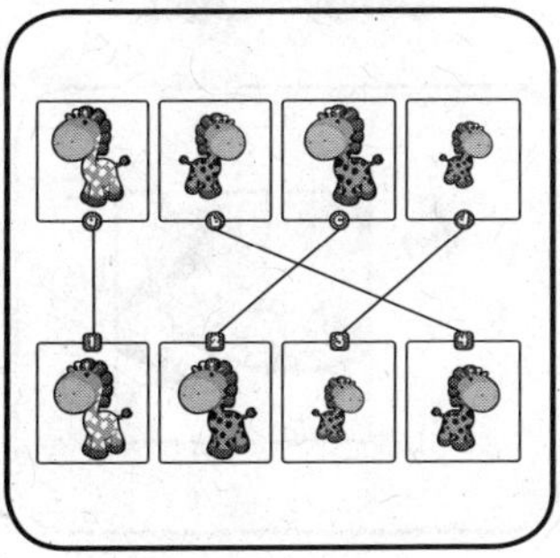

Jour 352

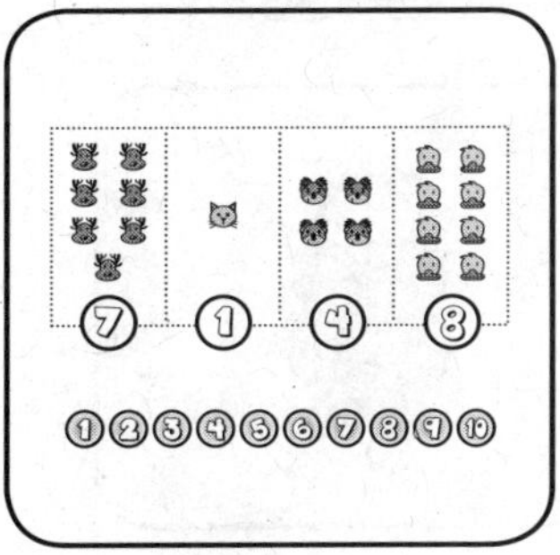

Jour 353

Jour 354

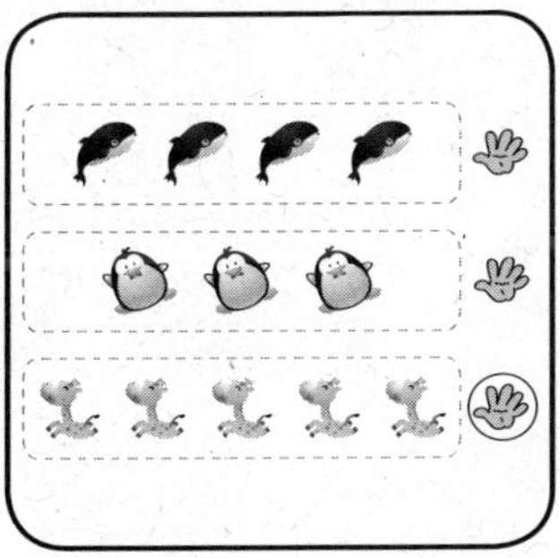

Jour 357

Jour 358

Jour 360

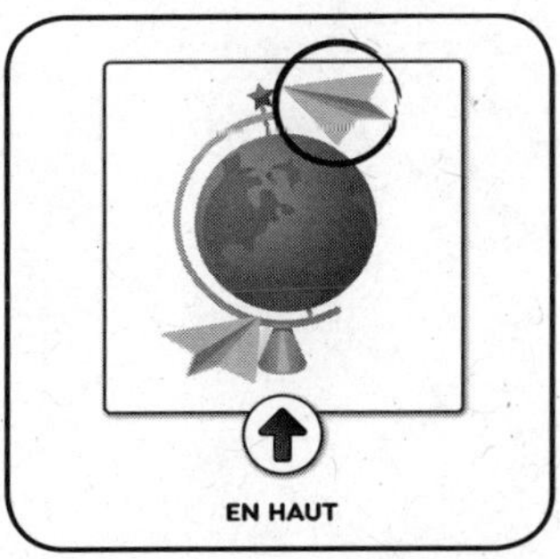

Solutions

Jour 362

A et D

Jour 363

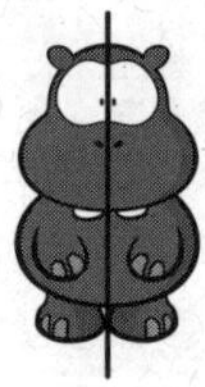

Jour 364

A

Dessin libre

Dessin libre

Dessine ce que tu veux.

Dessin libre

Dessine ce que tu veux.

Dessin libre

Dessine ce que tu veux.

Dessin libre

Dessine ce que tu veux.

Dessin libre

Dessine ce que tu veux.

Dessin libre

Dessine ce que tu veux.

Dessin libre

Dessine ce que tu veux.

Dessin libre

Dessine ce que tu veux.

Dessin libre

Dessine ce que tu veux.

Dessin libre

Dessine ce que tu veux.

Dessin libre

Dessine ce que tu veux.

Dessin libre

Dessine ce que tu veux.

Dessin libre

Dessine ce que tu veux.

Pour les plus grands :

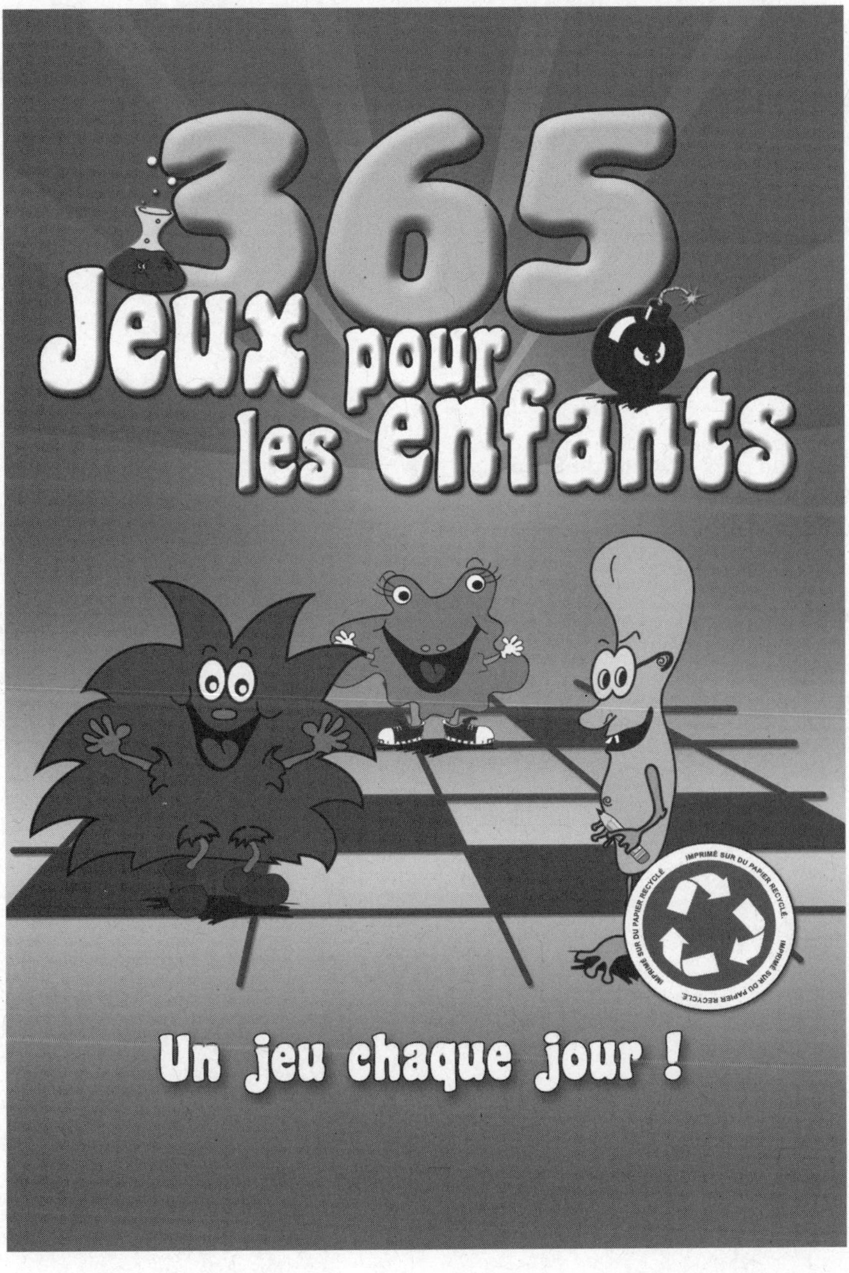

L'utilisation de 7 020 lb de Silva Enviro100 plutôt que du papier vierge réduit votre empreinte écologique de :

Arbre(s) : 61
Déchets solides : 3 865 lb
Eau : 36 476 gal
Matières en suspension dans l'eau : 24 4 lb
Émissions atmosphériques : 8 486 lb
Gaz naturel : 8 844 pi³

MARQUIS
Marquis imprimeur inc.

Québec, Canada
2009

Imprimé sur Silva Enviro100, contenant 100% de fibres recyclées postconsommation, certifié Éco-Logo, Procédé sans chlore, FSC Recyclé et fabriqué à partir d'énergie biogaz.